Guide Book of International Business Career

貿易ビジネスキャリア
ガイドブック

貿易実務検定® ポイント学習

拓殖大学教授　武上 幸之助
ＬＳスクール（株）言語サービス 〔共著〕

現代図書

はじめに

　本書は、幅広い貿易ビジネス実務のキャリア形成を目指す方に、貿易ビジネスライセンスを取得する貿易実務検定® 合格へのポイント学習とビジネスキャリア形成を学習支援する内容の解説書です。主に初学者の方を対象に優しく、丁寧に分かり易く解説します。

　「働き方改革」の一環として、今後、IT を活用した遠隔、在宅、テレワークへと労働環境が改革されていく中、私たちのビジネス実務のキャリア形成とライセンス取得は大きな意義を持つようになるでしょう。本講座では、計画的に自分の環境、個性に合ったビジネスキャリアを学び、そのキャリアプラン形成に向けたライセンスの合格への学習の道筋を示すことを目標としています。

　日本は、資源小国である一方で、数多くの商品サービスを輸出入する貿易大国です。大きな GDP（国内総生産）を持ち、貿易依存度、貿易比率も高く、貿易分野のキャリアには日本企業、外資系企業にも雇用の需要が大きく、就業、起業機会も多くあります。貿易ビジネスは貿易英語と貿易取引実務（英米法取引）に特徴がありますが、以下のポイントをしっかり押さえて早期から学習とキャリア形成を積み上げることが重要です。

　本書を用いて、段階別に基礎知識をまとめ、問題演習を通じて、基礎固めをおこないましょう。以下に学習要点を掲げます。

　本講座の学習は、以下のポイントを構成しています。
1. ビジネスキャリアプランと学習目標
    貿易ビジネス分野のライセンスの概要と取得目標、ライセンスの活用と就業活動のヒント。
2. ビジネスライセンスの合格ポイント学習
    貿易ライセンス概要、取得へのプラン、合格ポイント、必須学習知識、キーワード、練習問題　直前チェック。
3. e ラーンニング支援サービスの活用
    貿易キャリアプランとビジネスライセンスについて、e ラーンニング（キャリアコンサルティング、学習相談、就職支援ほか、厚生労働省神奈川労働局職業訓練委託学校、LS スクール（言語サービス）のサービス支援をウェブ上で活用できます。

本教材と言語サービスのeラーンニング支援サービスを活用して、是非、グローバル、貿易ビジネスの業界で進路開拓を狙っていきましょう。

　尚、本書で扱う試験類題問題等は、法令改正などで別解などの可能性もありますが標準的な解答例を挙げてあります。また出題内容が分野によって重複する場合も多くありますので予めご了承ください。

　また、日本貿易実務検定協会® の実施する貿易実務検定試験の出題問題については、本書では（過去問題を直接に使わず、別途）試験対策問題として表記を入れております。

謝　辞

　この度、現代図書様において、職業職能教育としての貿易取引、英語実務学習について、本書を上梓戴ける機会に恵まれた由、幸甚に存じ此処に深く感謝を申し上げます。掲載しました資料は、日本商工会議所、日本貿易実務検定協会® 、JETRO、スクール木津、税務経理協会、三菱 UFJ 銀行、他より御提供頂いたものです。ここに重ねて感謝申し上げます。また編集、出版の労をお執りいただいた現代図書　飛山恭子様に深く御礼申し上げます。

2022 年 3 月吉日

武上 幸之助

（株）言語サービス　史 莉

目　次

序 章

貿易キャリア形成とライセンス取得

第1節　貿易ビジネスキャリアプラン

1.1　貿易ビジネスの仕事分野、技能、就業分野など

　キャリア形成のための理解として仕事分野、技能の特質、キャリア分野などを概観しましょう。

＝貿易ビジネス分野のキャリア学習プラン＝

	主な貿易業務の仕事分野	求められる技能 必須の特質　ライセンス	キャリア分野セクター例
1	・<u>コントラクト</u> 　交渉・成約分野 　（営業、仕入販売、サービス）	・**交渉** （コミュニケーション、オーガナイズ：提案、調整分野） ・**成約** （ビジネス法務、英米法、リーガル理解運用力） ・**貿易英語**、貿易実務（英米取引法）の運用知識は必須です。 ・**貿易実務検定**®（契約書、ドキュメント、クレーム処理分野）	・商社（卸売問屋） ・流通（製販問屋） ・メーカー（原料輸入、製品輸出） ・外資系（代理店） ・輸出入販売サービス ・各社それぞれに専門商品サービス、地域があり、その特性と視点で求人募集してきます。尚、応募の前に職場見学ができる場合もあります。また貿易コンサルタントなど専門領域ビジネスにも多く需要があります。

		・**日商ビジネス英語検定** コミュニケーション運用も重要です。 ・IBAT 国際取引業務検定	
2	・<u>デリバリー</u> **引渡し** ・**物流・輸送配送・ファクタリング**（ドキュメント運用）**分野** （海運、空輸業、物流サービス、損害保険業）	・**調整・スケジューリング**（ロジスティック経路、輸送コスト積算などの分野） ・**最適化** optimization（配送ルートの対費用コスト、配列、OR などの手法についての運用知識） ・通関士、貿易実務検定®（船荷証券、海上保険分野など） ・IBAT 国際取引業務検定	・物流、運送業、コンテナ輸送業など ・通関業務（通関サービス、免税店、免税業務） ・フォワーダー（海貨業者、乙仲、海運、航空輸送サービス）
3	・**セツルメント** **決済、金融、為替** **分野** （ドル知識と運用、クレジット）	・**ドル金融知識、運用：判断力、エスクローサービス** ・**外国為替**（合衆国ドル）**理解、運用** ・外為検定、BATIC（英文会計）貿易実務検定®（船荷証券、海上保険） ・IBAT 国際取引業務検定	・銀行、ノンバンク、クレジット、金融サービス ・損害保険業、再保険業 ・商社（商社金融、貿易金融シッパーズユーザンスなど）

　上記の貿易キャリアプランリストから、就業・起業に向けての実力養成のために次項で示した 3 コースを推奨致します。

1.2　貿易キャリア形成のための学習モデルプラン

　広範囲に及ぶ貿易取引の学習に狙いを付けたキャリア学習プランを参考までに以下に掲げます。

A. 国際ビジネス・コミュニケーション（貿易実務英語を主軸とした学習プラン）
　◎ **ポイント**：貿易専門用語、慣用構文を用いたメール、レター、ドキュメントのコントロール力を基軸にするキャリアプラン

・貿易取引は、船荷証券 B/L、航空貨物受取証 AWB による証券化取引であり、ドキュメンテーション（貿易実務英語文書）の理解、作成と運用が重要な業務能力となっている。ドキュメント（基本 6 種 p.109）の正確な理解、作成、運用力を基礎にして、主に商社、流通、メーカー等、コントラクト系の仕事でキャリアアップする事が大切である。

・ライセンス：貿易実務検定 ®（貿易実務英語）、TOEIC、日商ビジネス英検など。

B.　通関・船積み（貿易実務を主軸とした学習プラン）

◎　ポイント：海外輸送・物流と通関知識に特化した専門知識をコアとしたキャリア学習計画

・海外輸送と通関は、貿易業の大きな業務の柱で、手続き実務として、通関士、海貨業者フォワーダーなど専門特化した業種は雇用需要が大きい。

・貿易業務の国内取引との大きな物流の違いの 1 つは、海外輸送と通関であり、世界最大規模の産業は貿易物流産業、さらに日本輸出入物流はグローバルな世界的規模がある。また湾岸地域（江東区、大田区）、みなとみらい 21 地区、空港サービス（羽田、成田）は、東京周辺に集中しており雇用機会も多い。同様に京阪神、中京など日本の主な産業地域はすべて貿易拠点でもある。

・ライセンス：貿易実務検定 ®、IATA ディプロマ、CITLS、IBAT、通関士など。

C.　外国為替（荷為替手形、金融決済、ドル・クレジット、ファイナンスを主軸としたプラン）

◎　ポイント：外国為替とドル運用の理解、運用知識を中心としたキャリア学習プラン

・海外取引は、ほぼ合衆国ドル送金と荷為替手形で決済処理されるが、ドル取引には様々なデリバティブ（金融派生商品サービス）があり正確な知識と判断が必要である。信用状などは、エスクロー（escrow；預託）と呼ばれる米国で一般的な金融サービスの一環であり、そのグローバルドル決済ネットワークの中に日本の貿易も組み込まれている。

・越境 EC、電子商取引 EDI が IT により発展し、仮想通貨など新しいデリバティブに需要が大きくなっている。

・ライセンス：貿易実務検定 ®、外国為替検定　BATIC など。

　本書では、主として貿易取引実務、貿易実務英語を取り上げて、その内容を概説し、ライセンス取得を目指します。

第2節　貿易ビジネス分野の学習ポイント

2.1　貿易分野　3つの職能

　貿易分野のビジネス特性として、上記で概観したように、貿易ビジネスキャリアプランのフレームワークでは、以下の3つの職能（Job Talent）分野があります。

> ①契約　　Contract：コントラクト業務分野
> ②引渡し　Delivery：デリバリー業務分野
> ③決済　　Settlement：セツルメント業務分野

　これら3分野を基礎に付随するビジネス実務は、その多くは英米アングロサクソンが長年にわたって貿易取引で築き上げてきた英米法による取引実務体系となっており、日本国内取引慣習と異なった取引実務になりますが、この差異点（**日本国内と貿易取引の違い**）の理解が、貿易系検定ライセンス試験のポイントになっています。この違いについて以下、説明します。

1. 貿易取引はドキュメントコントロール、取引のIT化で大きな付加価値を生み出す

　貿易業界で、古くから、その中心となる英米アングロサクソン・ビジネスは、世界ビジネスのグローバル・スタンダード業界標準となっています。

　その取引技法として

　　①ドキュメントコントロール（貿易書類の理解と作成、運用）

　　②コミュニケーション技法（定義用語と通信プロトコール）

の理解が重要です。

　貿易取引の決済通貨の面では、戦前は、英国邦貨（ポンド）によって、戦後は米国（合衆国ドル）が主導的な役割を果たしてきました。これらのアングロサクソン（英米系）が、英国では植民地と宗主国との間の貿易（英国動産売買法 SGA：Sale of Goods Act）、米国では州間の貿易州際取引と米国統一商法典 UCC：Uniform Commercial Code）という取引法でルール化して貿易取引の手法を慣習化、標準化しウィーン売買条約（CISG）として発展を遂げました。現代の国際貿易で、例えば信用状付荷為替手形制度などのグローバルな貿易取引の業界標準を形成しています。世界の貿易は、主に、この荷為替取引というネットワークの中で取り交わされているのです。

貿易ビジネスの学習ポイント

特に貿易実務の学習で重要なのは、以下の3点です。

①貿易実務英語の知識と運用

　　　貿易取引では、原則として英語、米語を用いて取引のほとんど、通信、文書作成、決済、クレームなどをおこないます。アジア・中国と米国を主な貿易相手とする日本では、アジア方面英国系、北南米方面米国系の2種英語表現にも理解が必要です。

②合衆国ドルの知識と運用

　　　貿易決済や貿易証券取引（荷為替手形決済など）、保険求償など支払いや受け取り決済に関する通貨はドルを用います。自国通貨で貿易し難い日本では、貿易取引はこのデリバティブ（ドル金融派生証券取引）となります。

③米国統一商法典 UCC およびウィーン売買条約 United Nations Convention on Contracts for the International Sale of Goods の知識と運用

　　　貿易取引の慣習ルールとなる法務実務も重要な知識です。

2．IT 革命と電子商取引取引 EDI

　80 年代に始まった世界経済のグローバル化の波は、企業経営、商業活動、消費生活にまで、国際化の共通標準となる英語ビジネス・ノウハウとオペレーション（運用）のニーズと対応が、重要性を増してきています。

　90 年代からは IT 革命による電子商取引化、英語ビジネスコンテンツ発展と電子決済、フィンテック（FINTEC）、など貿易取引実務の IT プロセス標準化が発展し、共通のプラットフォームで全世界市場が全競争時代エポックに突入しました。特に電子商取引、越境取引といった IT 貿易実務により従来のドキュメント書類による貿易取引慣行は、急速に変化、発展し、新興 IT エコノミーが台頭する時代になっています。

　本項では、貿易英語で貿易実務ビジネスを戦略的に遂行オペレーションすることを主軸に、

① 貿易取引実務とグローバルな国際電子商取引 EDI：Electronic Date Interchange の運用

　　　また最近は IBM 製品「トレードレンズ」などの貿易実務ソフトウエア（BC：ブ

ロックチェーン）なども活用されています。

② ビジネス・コミュニケーション戦略：eメール・レター&ドキュメントの作成、運用、検討

など重要なグローバルビジネスツールを中心に進めます。

3. 貿易キャリア・プランニング：学習と就業にむけての準備計画

貿易実務の学習は、本節冒頭に掲げた①契約、②引渡し、③決済の3分野が中心の柱です。

特に②が雇用需要も多く、進路開拓で最も基本で必要とされる職務内容です。また③の分野も今後、IT化により大きな成長分野なのでしっかり学び、就業や進路開拓に役立ててください。

2.2 貿易技能の特徴

貿易取引実務（米国ビジネス手法）は、全世界グローバル貿易で用いられているスタンダード、業界標準である為、海外ビジネスのルーティン（商品と資金を動かす・コントロールする）に必須の基礎職能です。

1. 貿易技能の認証について

実務技能であるため、進路開拓には経験年数の積み上げ、資格取得、研修参加など、社会、業界に評価される累積実績を総合的に築くことも大切です。

（1）貿易での一般的な経験年数レベル

1年（主に船積みを中心に貿易取引は問題なく扱える：平常ルーティン業務レベル）

3年（信用状、荷為替手形など決済関係を担当できる：主任クラスの管理業務レベル）

5年以上（契約、クレーム処理など権利設定、調整業務が担当できる：判断業務レベル）

（2）計画的な資格取得の準備

経験年数に換算されることが多い貿易実務検定®、日商ビジネス英語検定、通関士試験、国際運送ディプロマ、IBAT、国際ライセンスCITLS、BATIC取得など、ターゲットを定めて計画的に受験計画を立てることが大切です。

（3）研修やインターン業務への参加

貿易に実績ある JETRO セミナー、日本商工会議所セミナーなどに参加して集中的に研修実績を積み上げます（例、外為セミナー、貿易マーケティング、貿易相手国セミナー、製品サービス別講習会、ISO 技能研修、貿易英語、英文契約セミナー、パソコン貿易実務技能研修など殆ど低廉で、無料講座も多い）。またインターン研修生などを募集する企業もあります。

(4) 特殊技能 + α の技能領域を持つことも検討

① ビジネス技能（PL 業務、通関、英文会計、または技術系、ISO 取得、検数検量、危険物取扱い資格など）、貿易業務の周辺技能ライセンスの学習も役立つ。

② 貿易相手国、地域の市場知識と経験を累積する。

欧州、アメリカ、加州、NY 州または仏独、中国、ベトナムミャンマーなどアジア諸国の語学、風土、市場理解など、貿易相手市場についてのマーケティング知識と理解も大変、役立つ。

第1章

日本貿易実務検定協会® 貿易実務検定® の概要

　貿易取引実務で主要な資格ライセンスである「貿易実務検定®」の内容と試験対策について以下、説明します。日本貿易実務検定協会® の実施する貿易実務検定試験（C級）は、以下に掲げる概要が公表されています。

第1節　合格ポイント：内容と試験目的

　「貿易実務検定®」は、貿易実務などをおこなう際に必要な貿易実務の知識、貿易実務英語の知識についてその基礎能力を判定することを目的におこなわれます。

―日本貿易実務検定協会®（公表分）―

1.〈試験範囲〉貿易実務分野　ウェブ式　試験時間60分　配点150点満点
　（1）貿易と環境
　　①ワシントン条約に関する規制
　　②モントリオール議定書に関するオゾン層を破壊する物質の規制
　　③バーゼル条約に関する特定有害廃棄物の規制
　（2）貿易経済知識
　　① GATT と WTO
　　②日本の貿易の現状（産業の空洞化など）
　　③貿易摩擦と規制緩和
　　④経済圏の構築（EU、NAFTA など）
　（3）貿易の流れ

①貿易取引のしくみの全体像の理解

②いろいろな貿易取引

③信用状取引の流れ

（4）貿易金融

①信用状の種類

②信用状にもとづく荷為替手形の買い取り

③シッパーズ・ユーザンス（期限付手形）

④本邦ローン

（5）貿易書類と手続き

①コンテナ船の貨物の積み卸し（CY、CFS、FCL、LCL）

②在来船の貨物の積み卸し

③航空貨物の積み卸し

④各種船積書類の作成

⑤運送書類の知識

⑥輸出手続の手順と書類

⑦輸入手続の手順と書類

（6）貿易法務

①契約締結までの取引交渉

②契約書

③各種取引条件

④他法令に基づく許認可の取得（特に外為法）

⑤インコタームズにおける輸出入者の責任範囲

⑥信用状と船積書類

（7）通関知識

①輸出入申告の方法・内容

②貿易管理制度（輸出入に係る許認可）

③関税制度（税率の種類、保税の知識、減免税制度、特恵関税など）

（8）貿易保険

①貨物海上保険（予定保険と確定保険、基本条件など）

②貿易保険（輸出手形保険）

③PL 保険（輸出用、国内用）

（9）外国為替

　　①外国為替とは？

　　②外国との決済手段

　　③為替変動リスクの回避

　　④外国為替相場（種類、手形の買取相場・決済相場、先物相場）

（10）マーケティング知識

　　①市場調査

　　②取引先の発見

　　③信用調査

2.〈試験範囲〉貿易実務英語分野　ウェブ式　45分　配点50点満点

（1）取引交渉時のビジネス・レター中の基本的表現

（2）貿易書類やビジネス・レター中の重要貿易英語

3. 合格基準点

2科目の合計160点（80%）を基準として試験委員長の定める点

4. 免除制度

　貿易実務英語科目：貿易実務検定® は実務分野と英語分野の両分野で各80%合格ラインとなっているが、英語分野が合格し、実務分野が不合格の場合、次回の受験時に英語分野試験は免除。

5. 科目と配点

　　貿易実務　　　　　　150点

　　貿易実務英語　　　　50点

　　計　　　　　　　　　200点

6. 試験時間　繰り上げ他、変更がある場合があります。

　　開場　　　　　　　　13：15

　　受験説明　　　　　　13：30 ～

　　①貿易実務　　　　　13：45 ～ 14：45（1時間）

　　②貿易実務英語　　　15：30 ～ 16：15（45分）

7. 受験料

5,700 円（税込 6,270 円）

◎照会先：

日本貿易実務検定協会® https://www.boujitsu.com/introduction/exemption

試験施行については、申込み前に最新情報を必ず確認してください。

第2節　学習と就業にむけての計画：試験対策について

　貿易実務検定® 施行内容について合格対策となる試験準備のポイントを以下に説明します。参考にして試験学習を乗り切って合格を手にしてください。

2.1　合格ポイントと対策学習準備

試験方式がウェブ試験へ変更されました

　2020 年 7 月から本ライセンス試験は、ウェブ受験に切り替えられ、個人のパソコンを用いての試験となりました。従来はペーパーによる客観式（主に正誤、記号選択回答）であった形式が、自宅等での自己使用パソコンによるオンライン型試験になった関係で、各試験の各問題ごとに時間の制約が設定されますので見直し時間や、また試験時間が短くなって問題数も多くなったなどで上手な解答処理のノウハウが重要です。

　また試験問題は、順番がスクランブルとなり、解答順番も受験者によって異なります。試験内容に大幅な変更はありませんが、試験時間、解答方法に以下のような変更がありましたので注意が必要です。

　　　　　　問題1：内容真偽、正誤（○×）式 10 題が 20 題へ

　　　　　　問題2：選択式 15 題が 20 題へ

　　　　　　問題3：適語補充　語群選択式 10 題で変更なし

　　　　　　問題4：三答択一式 15 題で変更なし

　また、大きく制限時間が変更（90 分が 60 分へ）、設問配点、設問数の変更などがおこなわれています。

---

1. 新ウェブ式検定（実務分野の出題形式）

　問題1　正誤（○×）式 20 題・30 点・時間制限 15 分：従来に比べ問題の難易度は変わりませんが、問題数が 2 倍となったため即答が要求されます。

　問題2　選択式 20 題・45 点・時間制限 20 分：型式、内容は変更ありませんが、時間

制約があり、見直し時間が限られます。

問題3　語群選択式10題・30点・時間制限10分：同じく型式、内容は変更ありませんが、時間制約があり、見直し時間が限られます。

問題4　三答択一式15題・45点・時間制限15分：この試験分野では、難易格差が大きく最も苦戦する内容です。15分内でともかく分かる問題から手がけて、難問に時間が使えると理想的です。

　ペーパーによる試験では、じっくり時間をとって解答でき、また試験問題も理解や思考を試す内容でしたが、ITエポックに臨み、即理解、即回答といった瞬時ふるい落とし式の試験型式ですので、過去類題を十分にこなし、解答経験を多く積み上げておくのが試験対策のポイントとなります。また制限時間が90分から60分に短縮されましたので、より即答能力が試されます。

2. 注意事項（解答についての説明）日本貿易実務検定協会®　公表分からの諸注意

(1) 問題1、問題2、問題3、問題4の順番で解答していただきます。たとえば、問題1の次に問題3を解くことはできません。

(2) 各問題は1回のみ解答が可能です。時間制限が終了したら強制終了となります。尚、解答後、制限時間が余った場合でも前の問題に戻ることはできません。

(3) 解答が終了したら、次の問題に移っていただきます。早く解答が終わった場合には次の問題に移り受けていただくことができます。

(4) 各問題の中にある小問は順番通りでなくとも解答が可能です。解答提出前なら制限時間内で自由に修正が可能です。

(5) 貿易実務科目の解答が終了する前に、貿易実務英語科目を解答することは出来ません。貿易実務科目が終了した後に、貿易実務英語科目をお受けください。

　具体的な問題の解き方は、デモテスト（受験票を送信するときにご案内します）で説明しますので、必ず事前にデモテストを受けてください。

　尚、デモテストを受けることは、本試験受験の前提条件となっており必須です。

3. 制限時間の対策

　理解度とスピードは比例するという思考ベースで問題が作成されており、典型問題（重要度の高い標準的な頻出問題が理解できていれば解答が容易にできる）、また貿易業界で利用される業界用語、業界常識など、一般から離れた業界知識が多く出題されている一方で、選択肢の幅が狭く、些少な事由で正誤が分かれる難問題も少なからず出題されています。

　時間制限については、やはり模擬体験、解答体験が重要な訓練で、過去類題を数多く解いていると勘や慣れといった経験則で対応できる試験内容です。

　貿易実務の国際ライセンスである CITLS など英語でおこなう海外の貿易実務試験では、「知っている／知らない」が明確な選択肢判断の基準で覚えやすく、理解しやすい試験内容で、いわゆる「万人向け」の試験内容ですが、日本の試験内容には、専門性が高く業界用語を中心とした出題内容が多い傾向があります。

2.2　C級貿易実務英語の試験形式と内容について

1. 新ウェブ式検定（英語分野の出題形式）

　（1）出題形式は以下のようになります。

　　問題１：英単語等の意味（語群選択式）20題・20点・時間制限20分

　　問題２：英文和訳（三答択一式）10題・20点・時間制限15分

　　問題３：英文解釈（三答択一式）2題・10点・時間制限10分

以上、計50点、45分

　（2）注意事項（解答についての説明）日本貿易実務検定協会® 公表分からの諸注意

---

①問題１、問題２、問題３の順番で解答していただきます。たとえば、問題１の次に問題３を解くことはできません。

②貿易実務科目を解答が終了する前に、貿易実務英語科目を解答することはできません。貿易実務科目が終了した後に、貿易実務英語科目をお受けください。

③各問題は１回のみ解答が可能です。時間制限が終了したら強制終了となります。尚、解答後、制限時間が余った場合でも前の問題に戻ることはできません。

④各問題の中にある小問は順番通りでなくとも解答が可能です。解答提出前なら制限時間内で自由に修正が可能です。

⑤解答が終了したら、解答提出し、次の問題に移っていただきます。早く解答が

終わった場合には次の問題に移り受けていただくことができます。

具体的な問題の解き方は、デモテスト（受験票を送信するときに案内があります）で説明がありますので、必ず事前にデモテストを受験することになっています。

（3）試験会場

ウェブ試験のため、会場はありません。

（4）ウェブ試験の概要

試験受験の環境は各自が負担します。

（5）ウェブ試験で不合格の場合の再チャレンジ制度（無料）について

再チャレンジ制度は、ウェブ試験受験の場合のみ利用可能な特別措置です。会場受験をされた方には、適用しませんのでご注意ください。

・貿易実務検定® をウェブ試験で受験し、万が一不合格になった方は、次回実施の検定試験（同じ級）のみ無料で受験できる制度です。

・再チャレンジで受験できる回数は 1 回のみです。再チャレンジ制度を利用しての受験にさらに重ねて利用することはできません。

・試験欠席者および無回答の方には適用しません（制度趣旨より）。

・再チャレンジ制度で申し込まれた場合でも試験の延期や振替はできません。

（6）受験者自身で用意するもの

・PC もしくはスマートフォン・タブレット（HP で動作環境を参照してください。図版などの表示を考慮し、PC を推奨します。公共施設の共用 PC などは使わないでください。）

・最新のブラウザ

・通信回線（固定回線や 4G など）

・受験に適した環境（個室推奨・複数人で受験しないでください。）

2.3　試験対策についてのポイント

以上の試験の内容と形式などの日本貿易実務検定協会® の公表情報は、商業・ビジネス系資格として他の資格試験とは傾向が異なる試験であることが分かります。この特徴を押さえた学習計画が対策として重要です。

1. 試験内容と重要なキーワードなどの対策

　貿易実務検定®C級の出題では、貿易職能3分野の中で、成約・契約および引渡し・物流の分野が必出です。

2. 貿易実務検定試験頻出分野

　過去の出題傾向では、以下の分野が特に数多く出題されています。

　　①貿易市場マーケティングの基礎

　　②引合い、照会と申込み、成約・契約

　　③信用状、船積書類（インボイス、船荷証券・航空運送状、貨物海上保険証券）

　　④荷為替手形

　　⑤通関、船積み、インコタームズ

　　⑥国際機関、条約

　　⑦クレーム　など

　さらに重要項目のキーワード（第3章第2節参照）はその英語表現もしっかり確認しておきましょう。貿易実務英語については、本書の貿易用語と慣用表現、特に文例を確実に覚えましょう。

3. 試験の難易レベル

　概ね、実務経験1〜3年以上のレベルです。貿易ルーティン定型業務をこなすために必要な知識があることを試すレベルです。まずはこのレベルで基礎固めをしてから、上級レベルに臨みましょう。

第2章

貿易実務パート

第1節　基礎知識と貿易実務の流れ

1.1　貿易取引実務のプロセス
Process of International Business Operation

貿易取引のフローチャート

　次頁の図に示すイメージ（標準的な信用状付荷為替手形決済方式）が貿易取引実務の全体像（**チャート図**）です。

　貿易（国際ビジネス）実務取引は、主に以下A〜Cの3分野が取引実務の柱となっています（これは、本書 序章第1節 貿易ビジネスキャリアプランに対応します）。

　A.売主と買主間の交渉、成約のプロセス　　　（成約コントラクト業務）

　B.売主の引渡しのプロセス　　　　　　　　（引渡しデリバリー業務）

　C.買主の代金支払い決済のプロセス　　　　（決済セツルメント業務）

　この取引段階に応じて、ビジネス・コミュニケーション：数多くのビジネスレター＆メールとビジネス文書（ドキュメント）が用いられますので、そのコンテンツとなる貿易取引実務についても理解を深めてください。

　尚、ここでは貿易取引で標準的な**信用状付荷為替手形決済**による実務プロセスを用いて説明します。世界の貿易は、この信用状（Letter of Credit）という ICC（国際商業会議所）が定めた合衆国ドルによる信用取引ネットワークの中でおこなわれます。その貿易取引の流れは、長い貿易取引の歴史の中で慣習として蓄積された方式が多いので、貿易業界で固有な用語や仕組みが数多いのが特徴です。

＝貿易取引のプロセス＝
Procsss of International Business Operation

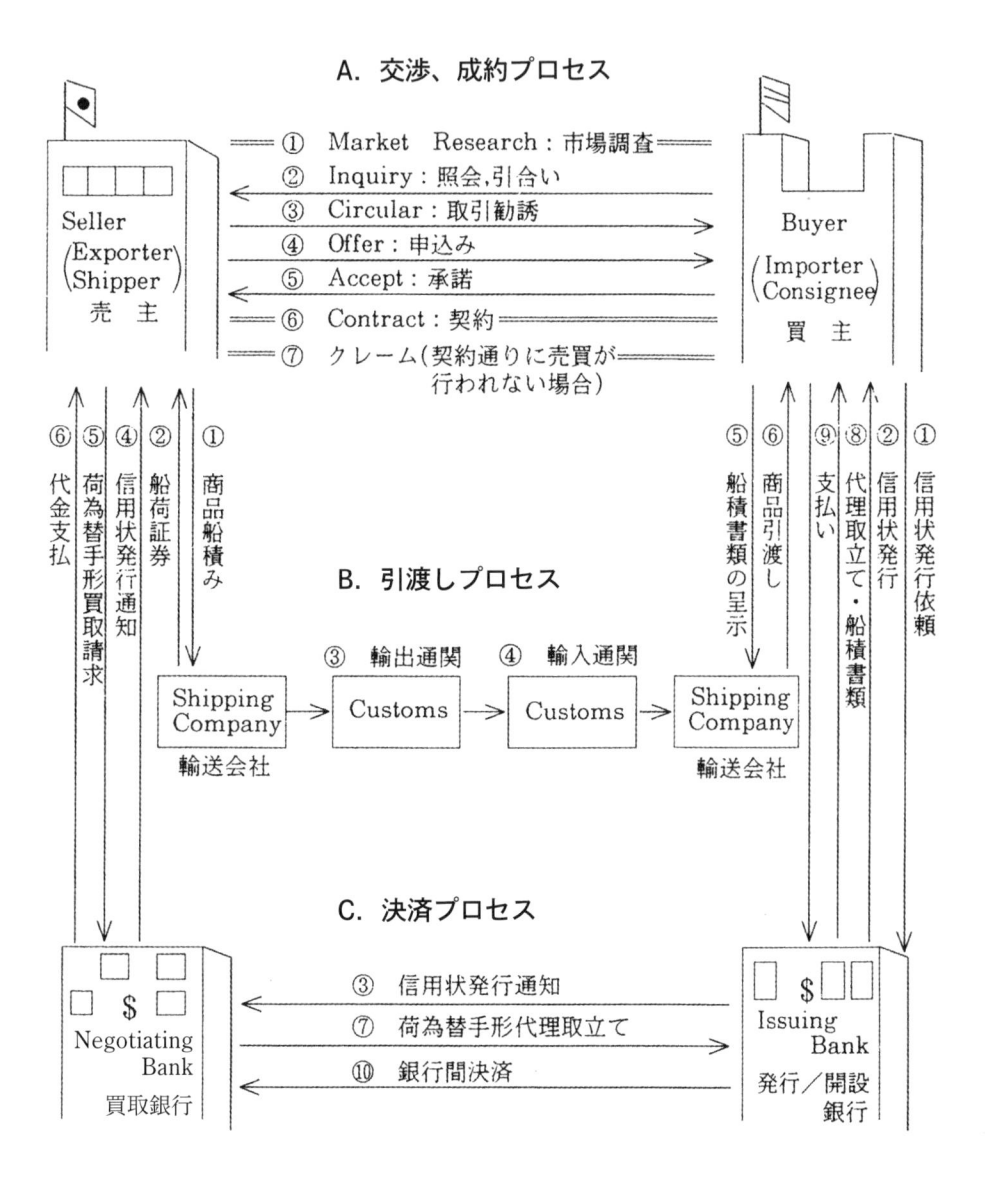

A．交渉、成約プロセス

① Market Research：市場調査
② Inquiry：照会,引合い
③ Circular：取引勧誘
④ Offer：申込み
⑤ Accept：承諾
⑥ Contract：契約
⑦ クレーム（契約通りに売買が行われない場合）

Seller (Exporter/Shipper) 売主

Buyer (Importer/Consignee) 買主

B．引渡しプロセス

⑥代金支払 ⑤荷為替手形買取請求 ④信用状発行通知 ②船荷証券 ①商品船積み

⑤船積書類の呈示 ⑥商品引渡し ⑨支払い ⑧代理取立て・船積書類 ②信用状発行 ①信用状発行依頼

Shipping Company 輸送会社
③ 輸出通関
Customs
④ 輸入通関
Customs
Shipping Company 輸送会社

C．決済プロセス

Negotiating Bank 買取銀行

③ 信用状発行通知
⑦ 荷為替手形代理取立て
⑩ 銀行間決済

Issuing Bank 発行／開設銀行

上掲チャート図の表記番号と以下、説明は符合していますので、プロセスをチャートで確認して取引の道筋 A/B/C の順を追ってみてください。

尚、売主は輸出者、買主は輸入者との設定です。
売主 Seller は、荷送人 Shipper、手形振出人 Drawer。
買主 Buyer は、荷受人 Consignee、手形名宛人 Drawee とも役割上で呼称されます。

A. 売主と買主間の交渉、成約（Negotiation/Contracts）のプロセス

① 市場調査：Market Research

貿易 Marketing（販売政策）の一環として取引の相手方の市場規模、需要と供給の
バランス、カントリーリスクなどを調査し、取引のパートナーを選任します。

② 照会、引合い：Inquiry

買主は、売主に対し取引の誘引としてカタログ、価格表の請求をおこなうとともに
相手方の信用調査（Credit Reference）をおこないます。

③ 取引勧誘：Circular/Proposal

売主は、買主の照会を受けて、取引の意思があれば取引勧誘状を送付します。また
一般的取引条件協定（General terms & conditions of Business）を相互に締結します。

④ 申込み：Offer

売主は、買主の照会に対し、価格、品質、数量等の条件を整えて売申込みをおこな
います。

⑤ 承諾：Acceptance

買主は、売主の申込みを受けて、条件を受け入れる場合は、承諾の意思表示をおこ
ないます。

⑥ 売買主間の契約：Contract

買主の承諾があれば直ちに契約成立し、売買契約書／注文書・注文請書が作成され
ます。

⑦ クレーム：Claim

もしも契約通りに取引がおこなわれない場合、相手方にクレームを提起し、調整、
仲裁がおこなわれます。

B. 売主の引渡し（Delivery）のプロセス

① 商品船積み：Shipment

契約条件にそって売主（荷主）は、指定した船舶、航空機に船積みをおこないま
す。

② 船荷証券：Bill of Lading（B/L）

船積みが完了すると船会社から、売主へ船荷証券（B/L）が交付されます。
航空貨物の場合は、航空貨物受取証（航空運送状：AWB）が交付されます。

③ 輸出通関：Customs clearance for export

輸出品の輸出通関を税関でおこないます。通関時に、書類審査、商品検査かおこな

われます。また税関では電子申告（e–TAX: NACCS）が採用されています。

④ 輸入通関：Customs clearance for import

一般に輸入通関の方が審査の厳しい場合が多く、輸入時に関税（Customs Duties）と消費税を支払います。尚、日本では輸出関税は課されません。

⑤ 船積書類の呈示：Shipping Documents

買主（荷受人）は、船会社から貨物、コンテナを受領するために信用状発行銀行に荷為替手形請求代金を支払い、同銀行から入手した船積書類（Shipping Documents：インボイス・送り状、船荷証券・AWB、貨物海上保険証券）を船会社・航空会社に呈示します。

⑥ 商品引渡し：Delivery

船積書類の呈示を受けた船会社は、保税地域へ商品を搬入した後、荷渡指図書（D/O）により買主（荷受人）へ貨物の引渡しをおこないます。

C. 買主の代金支払い決済（Settlement）のプロセス

① 信用状発行依頼：Application for Letter of Credit（L/C）

買主（輸入者）は、売買契約の内容にそって輸入地取引銀行に対し信用状の約定発行依頼をおこないます。

② 信用状発行：Issuing an L/C

信用状発行銀行は、売買契約条件を確認し、審査後、信用状を発行して買主の連帯保証をおこないます。これにより売主（輸出者）は支払い保証（与信）を受け、安全な取引が可能になります。

③ 信用状発行通知（開設銀行）：Advice of Issuing

発行銀行の信用状発行番号は、直ちに売主の取引銀行である通知銀行経由で売主へ伝えられます。

④ 信用状発行通知（輸出者）：Advice

売主は、信用状の発行通知を受けると直ちに船会社に船腹の予約をして、船が決定し船積みが完了すると売主は買主へ通知します。船会社から船荷証券の交付を受け、商品に貿易条件（インコタームズ）に従って貨物海上保険をかけます。

さらに主に通関用の商業送り状（仕入書）を作成し、船積書類を整備します。この商業送り状（Commercial Invoice）に加えて船荷証券（B/L）、貨物海上保険証券（Insurance Policy: I/P）、等を総称して船積書類（Shipping Documents: S/D）と呼び貿易取引の重要なツールとなります。これらドキュメント（英文書類）の流通証券

売買によって、貿易商品が流通することになります。

⑤ 信用状付荷為替手形買取請求：Negotiation

売主は、船積書類を添付した信用状付荷為替手形を発行して、手形買取銀行に対して買主、信用状発行銀行宛に振出し（請求）します。この荷為替手形は外国為替（合衆国ドル USD）で計上され、外国為替相場に従って内貨（日本円）換算されます。

⑥ 代金支払：Payment

買取銀行は、船積書類と信用状等に取引内容不一致（discrepancy）がなければ売主に代金を立て替えて支払います。リンバースメント銀行という、更に買取銀行への立替金を融資する貿易金融銀行もあります。

⑦ 荷為替手形代金取立て（買取銀行）：Collection

買取銀行は、買主に対し信用状発行銀行経由で代金の支払請求をおこないます。

⑧ 代金取立て（開設銀行）：Collection

発行銀行は、買取銀行の依頼を受けて買主に代金取立てをおこないます。

⑨ 支払い（買主）：Payment

買主は、手形代金を支払い、代価として船積書類を入手します。船積書類により商品、貨物、コンテナを船会社から受領します。

⑩ 銀行間決済：Interbank settlement

発行銀行が買主から代金を回収すると、買取銀行に対し立替払い決済をおこないます。

以上の貿易取引のプロセスは、**逆為替方式による信用状付荷為替手形**（Documentary Bill of Exchange under L/C）**の決済**と総称されています。

以上の貿易取引の仕組み（信用状付荷為替手形決済）で、この信用状による貿易物流と決済は、米国系銀行によるコルレス（ドル認証）によるネットワーク構築により世界の貿易取引の原型をなすものです。このネットワークに加入、信用状による米国の信用与信という重要な貿易制度により、資源小国日本は、多額の資本と資材原料の輸入を促進し、工業品輸出国として貿易立国としての地位を築きました。

第2節　貿易取引の各プロセス

　以下 A/B/C の各プロセスをチャート図に沿って順に解説していきます。ここでは A. 交渉、成約プロセス、B. 引渡しプロセス、C. 決済プロセスを細かく分けて各要点項目を解説します。

A-(1)　市場調査とマーケティング /Market Research & Foreign Business Marketing

　自社商品の輸出売込みを図るために、輸出商品の海外需要調査をおこなう。現在、および将来の市場需要の成長を見込んで商品の顕在、潜在需要を調べるが、多くの場合に実態調査の手法が採用される。

　これにはアンケート等の質問法、サンプル配布等による観察法と、実験法等が掲げられる。特に海外市場を調査する場合には、国別投資危険：カントリーリスク（Country risk）についても十分な配慮が必要である。世界的に著名な調査機関としては、A.C. Nielsen Co. などがあり、日本では JETRO（日本貿易振興機構）の調査レポート（通商弘報）が市場決定の参考になる。

　市場調査（Market Research）により対象となる市場が選定されると、投資効果が最大限に引き出しうる政策、戦略（Strategy）が立案されるが、特に販売上の戦略を一般にマーケティング（Marketing）と呼び、市場特性に最適（Mix）の戦略が策定される。

貿易マーケティングの 4P 政策

①**製品政策：Product Policy / 商品化政策：Merchandizing Policy**
　消費者のニーズ（needs）に適合化した商品を企画、生産、商品化する。
②**価格政策：Price Policy**
　需要面（demand）と供給面（supply）から市場価格を割り出し、価格操作をおこない需要を喚起する。
③**流通政策：Place/Physical Distribution Policy**
　商品が生産者から、卸売、小売を経て消費者に達するまでの流通機構と経路を選択し、生産、在庫、流通の配置と立地（logistics）を考案する。
④**販売促進政策：Promotion Policy**
　消費者教育、コミュニケーション活動をおこない、消費者に商品のイメージを確立させ訴求、購買動機付けする。

　これらの 4P's を相互に有機的かつ相乗効果（synergy）が得られるように最適化し、最も効果的な戦略設定をすることをマーケティング・ミックス（Marketing Mix）と呼んでいる。

　重要ポイント

　市場調査を自社でおこなう場合も、市場調査機関を用いる場合も、海外市場進出の意思決定には広汎な資料収集、公開資料、データなど一般資料、また商品固有の特別情報などが必要となる。特に情報提供先には、自社の要求に即した適確な資料請求をおこなう必要がある。

A-（2）　取引相手方の選定と信用調査 / Selecting partners & Credit reference

　貿易取引の相手方（Business Partner）の選定については、一般に取引先の紹介による場合、日本貿易振興会（JETRO）、商業会議所（Chamber of Commerce）等の貿易斡旋機関による紹介、また商工人名録（Directory）により選択する場合がある。

　取引の相手方選定にあたっては、資本金等会社財産、営業歴、業界における地位、技術開発（R&D）等の調査項目を決め、あくまで取引相手との共存共栄を図るため、長期的視野からおこなうことが重要である。

　また、取引先の選定に際しては前後に信用調査（Credit Reference）を並行しておこなう。

　重要ポイント

　貿易取引においては、取引の相手方、特に買主の支払能力を中心にした調査をおこなうのが売主にとって前提となる項目である。後のクレーム予防に十分な調査をおこなう必要がある。

主な信用調査の方法

①**銀行信用照会 : Bank reference**
　　取引相手方の取引銀行に、自社の取引銀行を通じて相手方の調査をおこなう。
　　一般に財務諸表（B/S、P/L 等）を用いた調査の他、売上等の金融取引面での調査が主である。

②**同業者信用照会 : Trade reference**
　　取引相手方の取引関係者や同業者組合等に対しての問合せを主とする調査

③**商業興信所照会 : Mercantile agency reference**
　　Dun &Bradstreet Inc. 等、商業興信所に問い合わせる方法などを用いる場合がある。

信用調査では、**企業の特質**（Character）、**資本**（Capital）、**経営能力**（Capacity）の 3C の点から、さらに現在の営業状態（Business Standing）、業務経験（Business Experience）の点から確認をおこなうが、取引内容に応じて取引限度、信用限度等を設定する。

　「信用調査は売買の相手方が外国に及ぶため、いわばハイリスク・ハイリターン（High risk and high return）となる貿易取引では必須の項目であり、ブラックバイヤーを除外し、後に説明するクレーム（claim）の重要な予防策になる。

　重要ポイント

　　契約社会である英米系の国々は、黙約社会である日本と異なり、文書主義（必ず取引を契約書面とする。UCC 米国統一商法典にも同規定がある）を要求する。英米取引法に明るい弁護士、学識者、実務家と打合せをし、契約締結に際しては、慎重に進める必要がある。

A-(3)　照会、引合い /Inquiry

　取引先の候補が決定したら、貿易取引について相手方に問合せをおこなう。これを照会、引合い（Inquiry）といい、売買契約締結の機会を創出する申込みの誘因である。

　具体的には買主（Buyer）が見本カタログ（Sample Catalog）、価格表（Price List）を請求し、これに対して売主（Seller）は、買主の意図をさぐり、機会をとらえて買主の請求に応じ、さらに取引勧誘状（Circular）を発信する。

　この取引勧誘状には、勧誘の趣旨とともに取引商品の明細（Description）、取引条件（Trade Terms and Conditions）、自社の信用照会先の銀行（Reference Bank）などが記載されている。

　照会、引合いは一般に買主側から売主側へ発せられ、売主はこれを受けて、買主側の求める商品についての価格水準、納期、その他の取引条件について交渉の条件を踏まえた上で、申込みをおこなう。

　買主にとって照会、引合いは、前述のように売主から買主にとって有利な取引条件を引き出すための申込みの誘引となる。申込みを引き出すと買主には売主の申込みに対し諾否選択権（option）が生じ、取引を買主側に有利に進めていくことが可能となる。一方、売主にとっては買主の要求をそのまま受けると自社にとって不利となるため、市場における商品の比較優位性や納期、支払条件等で交渉を図る。

重要ポイント

　日本の取引慣習と異なり、このように売主、買主間で取引についての申込みを通じて相互利益の合意を図るまで交渉がおこなわれる。

A-（4）　一般的取引条件協定の締結 / Agreement on General Terms and Conditions of Business

　照会、引合いと並行して売主、買主間で取引内容の基礎的事項について取決めをおこなうのが一般的である。国内取引が先に個別契約を結んだ後に、または同時に基礎的取決めをおこなう点で、貿易取引は基礎的取決めのプロセスが先行する。

　貿易取引の基礎的事項は、一般的取引条件協定と呼ばれ、主に以下の条件について取決めがおこなわれる。

（1）取引形態：Business

　本人（Principal）、代理人（Agent）のいずれかが契約の当事者（party）となる。

（2）価格条件：Price

　貿易条件（Trade Terms）といわれる引渡価格条件（2020 ルールズ Incoterms: Rules）が一般的に用いられる。これは ICC 国際商業会議所のインコタームズと呼称される。

＝主な貿易取引類型（貿易条件：旧インコタームズ例）＝

E 類型	① EXW（Ex Works）工場渡条件
F 類型	② FCA（Free Carrier）運送人渡条件
	③ FAS（Free Alongside Ship）船側渡条件
	④ FOB（Free On Board）本船渡条件
C 類型	⑤ CFR（Cost and Freight）運賃込渡条件
	⑥ CIF（Cost, Insurance and Freight）運賃保険料込渡条件
	⑦ CPT（Carriage Paid to）輸送費済渡条件
	⑧ CIP（Carriage and Insurance Paid to）輸送費保険料済渡条件
D 類型	⑨ DAF（Delivered At Frontier）国境渡し
	⑩ DES（Delivered Ex Ship）着船渡し
	⑪ DEQ（Delivered Ex Quay）埠頭渡し
	⑫ DDU（Delivered Duty Unpaid）関税未払持込渡し
	⑬ DDP（Delivered Duty Paid）関税済持込渡し

尚、2020 版、p.129 参照

　上記の中で、⑨〜⑫については、輸入地の港湾設備や取引制度によって、適宜、変

更がおこなわれてきた。(現在、**インコタームズ 2020** では、⑩ DAT、⑫ DAP など
に簡略化され 11 種となっています)。

(3) 品質条件：Quality

見本（Sample）、説明（Description）、仕様書、（Specification）、規格（Standard）に
よる。

(4) 数量条件：Quantity

総重量（Gross Weight）、純重量（Net weight）による。

(5) 船積条件：Shipment

船積地（Shipping, Point）、仕向地（Destination）、直積み（Partial/Installment Shipment）、
分割積み（Partial/Installment Shipment）等による。

(6) 支払条件：Payment

信用状（Letter of Credit）による荷為替手形（Documentary Bill of Exchange）決済が
一般的であるが、信用状を使わない場合の D/A（書類引受け渡し）、D/P（書類支払
い渡し）などがある。

(7) 貨物海上保険条件：Marine Insurance

貨物（Freight）に、貿易条件により付保（Cover）する。

(8) 包装条件：Packing

商品（Goods）は、カートン（Carton）、木箱（Wooden Case）等に包装されるが、
コンテナ輸送が主となる現在は検数人（Tally）による包装明細書（Packing List）が
必要となる。

(9) 荷印条件：Shipping Marks

貨物には、荷日が付され仕向地が指図される。

(10) クレーム条件：Claim

クレーム提訴（file）に対する解決は、商事仲裁（Commercial Arbitration）による場
合が一般的である。

重要ポイント

契約内容の確認について、取引条件は、個別契約に対し一般契約と呼ばれ、貿易取
引で多く生じるクレームに対し、各取引項目を補足することで対処するものである。

最近は商品貿易からサービス貿易が中心になるにつれて、特許（patent）、ライセ
ンス商標（brand）、意匠（design）、ノウハウ（know-how）等についての取決めも
重要度を増している。これら契約は、英米法を法源としているため、UCC: Uniform

Commercial Code（米国統一商法典）、SGA: Sale of Goods Act（英国動産売買法）、「国際物品売買契約に関する国連条約」（United Nations Convention on Contracts for the International Sale of Goods: CISG）ウィーン売買条約、1988 年についての十分な理解が必要となる。

　貿易取引は国内取引とは異なる状況でおこなわれるため、十分な取引に関する下交渉が必要となる。また、後に取引条件の変更等を相手方に求めるのは非常に困難なため、譲歩できるラインを十分想定しておく必要もある。いわゆる商売の駆引きは、相当の経験と熟練を要する。

A-（5）　申込み /offer

　申込み（Offer）は通常、引合い（Inquiry）を受けた売主が、買主に対して発信する売買の具体的条件（数量、価格、品質等）を意思表示する法律行為である。

　買主側の受諾（Acceptance）があれば、契約（Contract）が直ちに成立する。一般に商品の特性により、また売買の性質から、以下のようなオファーが用いられている。

（1）回答期限付（確定）オファー：Firm offer

　　買主の回答期限を付した売申込みであり、一般に売主の転売による利ザヤ稼ぎに用いる。

（2）優先販売条件付オファー：Offer subject to prior sale/being unsold

　　複数の買主に同時にオファーし、先に回答してきたものと契約を締結するもの。

　　一般に在庫処分等に用いられることも多い。

（3）確認条件付オファー：Offer subject to seller's confirmation

　　買主が受諾した後に、さらに売主が再確認することを条件とした申込み。市況商品等。

（4）修正オファー：Counter Offer

　　買主は、売主のオファーに対し直ちに受諾することはなく、主に価格引下げ等の条件変更を求めて売主へオファーし返す場合の申込み。

　　通常売主と買主間でこのようなオファーのやり取りが繰り返されるうちに相方の条件内容が調整され、相互の妥協点（Common ground）が見出されることになる。

重要ポイント

　貿易取引では、取引の金額も大きく、代金回収にも長い時間を要し、いわゆるハイリスク・ハイリターンな取引が中心になる。その点で貿易取引条件を明確にしておか

ないと、後々の取引で不利な立場に追い込まれる。日本企業は売上重視の企業がまだ多く、販売割当量（norm：ノルマ）に追われることから、不利な条件でも譲歩してくることを利益重視の米国企業は対抗的に意図している。

A-(6)　売買契約の締結 /Concluding a Sales Contract

前掲した貿易商品売買契約は、売主の申込みに対し買主が承諾の意思表示をすることによって成立する諾成契約の形態をとる。

この売買意思の合致と同時に契約書が作成（要式契約）される。契約書の作成については、一般には売主が売買契約書（Sales Contracts）を正（Original）・副本（Duplicate）の2通を作成し、双方で交換する方法がとられる。

また、売主が売約書（Sales Note）を、買主が買約書（Purchase Note）を作成し、双方で取り交わす方法、あるいは買主が発注の際に注文書（Order Sheet Purchase Order）を作成して送付し、これを受けた売主が注文請書（Confirmation of Order）を作成して買主へ送付する方法等がある。

売買契約の準拠法は、一般に買主側の法律が用いられる場合があるが、貿易取引では英米法系の国の法律（例えば Uniform Commercial Code: U.C.C 米国統一商法典（米）、Sale of Goods Act: SGA 英国動産売買法（英））が多く用いられている。そのために特に日本側においては、これらの英米法についての理解を十分にしておくことが重要である。

重要ポイント

日本の民商法では売買主自身の意思に重点をおき、一般に契約においては成約が容易で解約が困難であるといわれる（Easy in、hard out）。一方、英米法国では成約の条件が厳しく、解約が比較的容易（Hard in、easy out）の傾向があるといわれている。

A-(7)　クレーム求償 /Adjustment of Claim

クレーム（claim）とは、取引が契約通りに履行されないために損害をこうむった者が相手方に異議を申し立てて、値引きまたは損害賠償や契約の破棄を求めることである。

万一、クレームが生じたときは、一般的には貨物受領後、2週間以内に文書によりこれを提起し、直接交渉によって迅速、円満に解決するように努めなければならない。しかし、和解（Compromise）が得られなければ、第三者による調停（Conciliation）、さら

に**商事仲裁**（Commercial Arbitration）などによることになり、ときには訴訟（Litigation）にも至る。一般的には商事仲裁による解決が図られる場合が多い。これは契約書、一般取引協定書の中に仲裁条項が盛り込まれている場合に用いられる。

　クレームには、運送クレーム（Claim of Transportation）、保険クレーム（Insurance Claim）、さらには擬装クレームであるマーケットクレーム（Market Claim）がある。最近は、米国を中心に製造物責任法（Product Liability Law）があり、商品の欠陥について生産者流通業者に無過失責任を課する判例が多くなっているので、これに対し保険を付保するなど十分な対応が迫られている。

重要ポイント

　幾年来積み重ねてきた取引による利益も、1 回のクレームで失われてしまうことがある。特にクレームの集中する商品の品質クレーム、支払いクレーム等については生じる前の予防策が重要である。クレーム処理に対し十分な対拠を講じることで取引の信頼性を得ることにもなるので、相互に十分なコミュニケーションを維持することも必要である。

B-(1)　船積みと船積書類 /Shipment & Shipping Documents

　売主は、輸出貨物の輸送を船会社（Shipping Company）へ依頼する。一般にこの手続は、海貨業者（乙仲：Shipping Broker）によっておこなわれる場合が多い。乙仲は売主の代理人として船会社に対して船腹予約（Space Booking）をするほか、船会社から船積指図書（Shipping Order）の発行を受け、輸出申告書（Export Declaration）を添えて税関（Custom House）に提出し、輸出認可（Export Permit）を得てから、船積みを開始する。

　貨物（Freight）の数量は、運賃の基礎となるために数量確定をおこなう。公正な第三者と検数人（Tally）が船積依頼書（Shipping Instruction）と貨物の照合をおこない、数量確定をおこなう。積込貨物の数量が確定したら、本船の一等航海士（Mate）から本船受取証（M/R:Mate's Receipt）を交付してもらう。またコンテナ貨物の場合はドックレシート（D/R:Dock Reciept）の発行を受ける。

　荷主（売主、代理の乙仲）は、本船受取証と引換えに船荷証券（B/L: Bill of Lading）の発行を受ける。船荷証券は、貨物預り証、運送契約書権利証券の働きを持つ有価証券である。船積完了時に、売主は買主にあてて船積案内（Shipping Advice）を発信する。

　売主は一方、商品代金の受領のため、船積書類（S/D: Shipping Documents）を整備する。これは売主が為替手形（Draft: Bill of Exchange）を振り出し、通知銀行に持ち込み

現金化をおこなうための担保書類となる。

　船荷証券は、裏書き（endorsement）により譲渡可能な有価証券であり、貿易取引はこの有価証券による売買である。すべて商品は文書化（documentation）され、この文書売買により取引がおこなわれるため、船積書類は非常に重要度の高い文書である。特に銀行は商品の取引と文書取引を切り離し、文書取引で融資決済をおこなうため、文書には「厳密一致の原則」と呼ばれる整合性、真正性を要求する。

　売買主の取引で生じる文書間に不一致（discrepancy）があると、銀行が船積書類の買取りに応じないため、これら文書の作成、確認、運用修正（Amend）の知識が貿易取引の重要な職能となる。

重要ポイント

　一見煩雑に思えるが、各所の厳密なチェックが入ること、船積書類による取引は世界共通の標準取引形式であること等から、これらの経済制度を利用し、正規の手続を経ることにより、債権債務を確定し、取引は制度的に保証される。

　近年は、EDI（貿易電子データ相互交換）等により文書の削減（ペーパーレス）化も図られているが、貿易取引の紛争事例、判例の積み重ねにより形成された現在の取引プロセスは、今なお信用経済制度の柱となっている。

（重要）主な船積書類の種類と働き

（1）船積書類の主要書類

　①商業送り状：Commercial Invoice →積荷明細、計算書であり、輸出入通関時に必要

　②船荷証券：Bill of Lading →貨物の担保書類。航空貨物では航空貨物受取証AWB が利用される

　③貨物海上保険証券：Marine Insurance Policy →貨物の付保を証明

（2）船積書類の補足書類

　①領事送り状：Consular Invoice →インボイスの内容について、領事に宣誓した書類

　②原産地証明書：Certificate of Origin →貨物の原産国を示す書類

　③包装明細書：Packing List →貨物の内容、容積重量を証明する

　④検査証明書：Inspection Certificate →輸出検査法により、商品の品質を証明した書類

B-(2)　輸出入申告と通関 /Export Declaration、Customs Clearance

　輸出者（売主、代理委任者は海貨業者：乙仲）は、貨物を税関長に許可を与えて、指定した**保税地域**（Bonded Area）に搬入後、税関に輸出申告（Export Declaration）をおこない、税関申告書類と貨物現物の審査を得てから、船積みの許可を得る。これは輸出申告書に税関の検査印が付された輸出許可書で可能となる。

　一方、輸入者（買主、代理乙仲）は、輸出者から船積み完了の旨の船積通知を受けると荷受けの用意をおこなう。

　輸出者が振出した為替手形（Draft）に対し代金を支払うと船積書類が入手できる。この船積書類を船会社に提出し、荷渡指図書（Delivery Order）の交付を受ける。荷渡指図書を税関に呈示して貨物を保税地域へ陸揚げすると同時に、輸入申告を税関に対しておこない、関税を納付する。税関から輸入貨物について輸入許可証（Import Permission）が交付されると、これをもって貨物を保税地域外へ搬出する。

　保税地域には、税関長の許可する保税倉庫、蔵置場（Bonded Warehouse）、保税工場（Bonded Works）、保税展示場（Customs Display）等 5 種類がある。

　税関は財務省の管轄であるが、関税賦課（税的審査）と輸出入物資管理（関的検査）という 2 つの管理面を担っている。特に関税面では納付者の自主申告制度のため、その税率計算は技術的に高度であり、また通達による行政指導が頻繁におこなわれるため専門の通関士が担当する場合がほとんどである。

　　重要ポイント

　　貿易取引では、商標、意匠、特許等の知的所有権に対する侵害行為も関税定率法ほかパリ条約等で規制を受ける。個人輸入に多い並行輸入は関税定率法および蔵関（くらかん）（1443 号）により認められている。

B-(3)　海上コンテナ、航空輸送 / Ocean Container, Air Transport

　海上輸送は、他の輸送手段に比べて運賃が安価であり、大量輸送が可能な点で卓絶した利点を持っている。海運業界は、現在、構造的不況にあり、わが国でも船舶過剰から運賃が非常に安価である一方、航空輸送が着実に伸長しており、経営環境が厳しい中で、高速船化、コンテナ化など改善が図られている。

　外航船には、定期便（Liner）と不定期便（Tramper）とがあり、一般に定期便は個品運送契約貨物、不定期便は用船契約貨物を輸送する。定期便は、海運同盟による協定運賃が採用され、不定期便は、航海用船（Trip Charter）、総額用船契約（Lump Sum

Charter）により運賃が決定される。

　コンテナ貨物については、コンテナターミナル（Container Terminal）で貨物の受渡しがおこなわれる。その際、貨物受取証（D/R: Dock Receipt）がターミナル事務所から発行される。コンテナが本船に積み込まれ、本船船長の署名を受け、船会社へ提出すると船会社からコンテナ証券（Container B/L）または受取船荷証券（Recieved B/L）が発行される。

　コンテナ1個に満載される貨物をFCL（Full Container Load）といい、保税地域で通関し、コンテナに積み込んだ後、CY（Container Yard）へ搬入する。

　また、コンテナ1個に満たない貨物は、LCL（Less than Container Load）といい、CFS（Container Freight Station）へ搬入し、通関後に仕向地（Destination）別に他の貨物と一緒に混載される。

　航空貨物は、長距離を迅速に輸送できることから、急速な発展を遂げている。定期便と不定期便がある中、定期便が中心である。協定運賃は、国際航空運送協会（IATA）の協定によっているが、政策的に高価格設定されているためにいわゆる実勢運賃が生じており、業界の問題となっている。輸送形態は、直送貨物輸送（Straight Cargo）、混載貨物輸送（Consolidation Cargo）、チャーター貨物輸送（Charter Cargo）等に分類される。

　■ 重要ポイント

　コンテナ貨物の利便性から国際一貫複合輸送が多く利用されるようになり、近年は航空、海運、陸運といった業界の境界を越えて取引がおこなわれてきた。

C–（1）　信用状と外国為替 / Letter of Credit, Foreign Exchange

　貿易取引決済においては、一般に信用状決済が用いられる。信用状（L/C: Letter of Credit）は、輸入者（買主）の取引銀行が売主を受益者（Beneficiary）として、買主の依頼により発行した支払連帯保証の証明書である。

主な信用状の種類

①取消可能信用状：Revocable L/C：発行後、任意に取消できる。

　取消不能信用状：Irrevocable L/C：発行後は、当事者の合意がなければ取消できない。

②確認信用状：Confirmed L/C：確認銀行により確認支払再保証を受けたもの。

無確認信用状：Unconfirmed L/C：確認保証を受けていないもの。

③**手形買取銀行指定信用状**：Special L/C：リストリクト銀行だけで手形買取可能となるもの。

　手形買取銀行無指定信用状：Open L/C：指定銀行のないもの。

④**譲渡可能信用状**：Transferable L/C：一度に限り転売譲渡できるもの。

⑤**回転信用状**：Revolving L/C：一度に数回分の発行を可能とするもの。

重要ポイント

　信用状は、資源小国日本にとって支払いが後払いになり、国際間の銀行信用で取引できる利点がある。

　外国為替（Foreign Exchange）は、国際間の債権債務を決済する方法であり、日本円は合衆国ドルを基軸通貨（Key Currency）としている。外国為替の取引には直物（Spot Exchange）、先物（Forward Exchange）がある。

＝対顧客外国為替相場＝

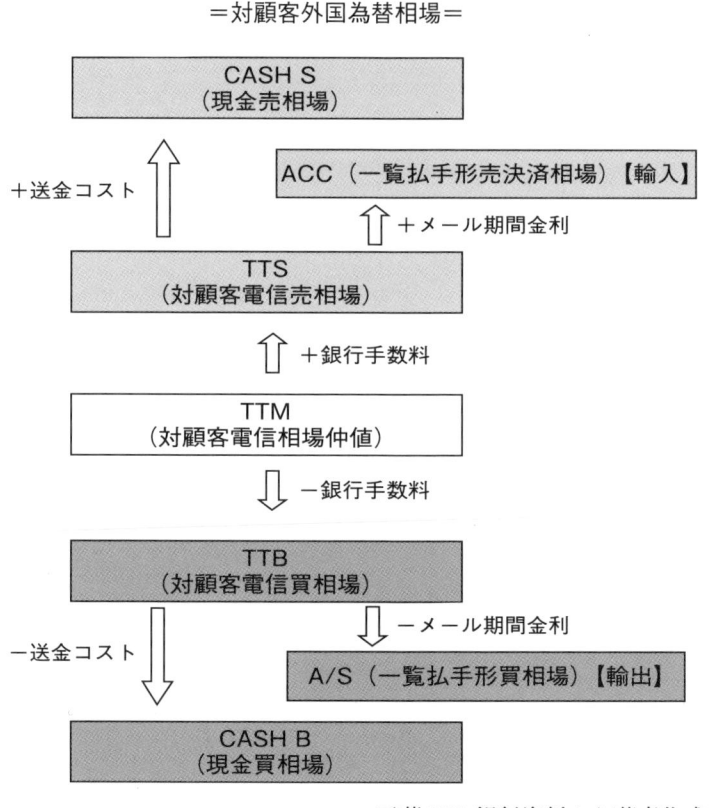

三菱 UFJ 銀行資料より著者作成

外国為替取引は、外国為替銀行（Foreign Exchange Bank）、為替ブローカー（Exchange Broker）、商社（Trading House）等が関係する。外国為替銀行の対顧客相場では、電信売相場（T.T.Selling Rate）、電信買相場（T.T. Buying Rate）輸入者（アクセプタンス）相場、輸出者（アットサイト）相場が中心となる。外国為替のリスク回避手段には、先物取引のほか、スワップ取引（Swap）、リーズエンドラッグズ（Leads and Lags）等がある。

重要ポイント

　貿易決済は一般には荷為替信用状による手形決済がおこなわれ、外為法で決済通貨は合衆国ドルが利用されます。

C-(2)　貨物海上保険と貿易保険 /Marine, Trade Insurance

　海上保険には、船舶保険と貨物保険（Cargo Insurance）があり、これは予測不能の海上危険による損失の負担を取り除き、取引の安全を期する制度である。

　海上危険による損失には、以下のものがある。

主な貨物海上保険の損失区分

①全損：Total Loss：　　　現実全損（Actual Total Loss）
　　　　　　　　　　　　推定全損（Constructive Total Loss）
②分損：Partial Loss：　　共同海損（General Average）
　　　　　　　　　　　　単独海損（Particular Average）
③特殊損失：Special Loss：戦争危険（War Risks）による損失
　　　　　　　　　　　　S.R.C.C.（Strikes, Riots and Civil Commotions）危険
　　　　　　　　　　　　T.P.N.D.（Theft, Pilferage, Non-Delivery）危険による損失

　上記の損失区分に対して、貨物海上保険の填補条件には、以下のようなものがある。

主な貨物海上保険の填補条件

①全損のみ担保：TLO = Total Loss Only：貨物全部が滅失した場合のみ填補
　　　　　　　　（cover）される。
②分損不担保：FPA = Free of Particular Average：全損分損。特定分損を填補。
③分損担保：WA = With Average：全損、共同海損。単独海損を填補。
④全危険担保：AR = All Risks：全損、共同海損、単独海損、特殊危険による損失
　　　　　　　填補する。

重要ポイント

英国の旧ロイズ保険約款（Lloyd's 式）が改訂され、新協会貨物約款（1982）では、

・分損不担保は ICC（Institute Cargo Clause）（C）

・分損担保は ICC（B）

・全危険担保は ICC（A）

に改訂されている。貨物海上保険は通常、船積明細が確定してから付保するが、船積明細が未確定の場合は予定保険（Provisional Insurance）をかけ、明細確定後は確定保険に切り替える。

重要ポイント

予定保険には個別予定保険（Provisional Policy）、包括予定保険（Open Cover）がある。

C-(3)決済 /Settlement

貿易取引の決済で一般的に用いられるのは、信用状付荷為替手形（Documentary Bill of Exchange under Letter of Credit）である。輸入者（買主）が、輸入地の開設銀行（Opening Bank）に依頼して発行を受けた信用状の条件に従って、売主は荷為替手形を取組み（Negotiate）する方法がとられる。

輸出者（売主）は、輸入者（買主）を名宛支払人として荷為替手形を振り出し、これに船荷証券、保険証券、インボイス等の船積書類を添えて買取銀行（Negotiating Bank）に対し買取請求をおこなう。

このように荷為替手形を取り組み、輸出代金の回収が終わると、輸出者は、船積通知書（Shipping Advice）を船積書類の写しとともに銀行経由で輸入者にあてて送付する。

輸入港に貨物を積載した本船が到着すると、船会社から着荷通知（Arrival Notice）がくるが、輸入者は、輸入品を引き取るのに船積書類を必要とする。

船積書類は、荷為替手形とともに輸入地の銀行に送られてきているので、輸入者は、荷為替手形の引受支払いをおこなうことにより、船積書類を入手する。このように貿易取引の決済は、信用状を基礎として、輸入地の開設銀行の支払保証により、有価証券の船積書類を担保にして振り出された為替手形を用いておこなわれるのが一般的であり、これを信用状による標準決済方式と呼ぶ。

他に船積書類の対価を支払うことで、買主へ船積書類を渡す支払渡条件（D/P: Documents against Payment）、手形代金支払承諾を条件として船積書類を渡す引受渡条

件（D/A: Documents against Acceptance）等の、信用状を用いない決済条件がある。

重要ポイント

　信用状による取引は年々比重が低下しているものの貿易取引の基本的な形式を構成している。また、信用状の記載文言を確認することには重要な意味があり、実務上の必要事項である。

第3節　貿易英文ドキュメントのコントロール

3.1　貿易取引プロセスとビジネス英文レター＆ドキュメンテーション

　国際ビジネスのプロセス（チャート図）で掲げたA. 交渉、成約プロセス、B. 引渡しプロセス、C.決済プロセスにおける主な英文レターは、以下のようになります。

＝貿易取引業務（International Business Procedures）＝

A. 交渉、成約プロセス

(1) 市場調査とマーケティング：Market research, Foreign business Marketing

(2) 取引相手方選定と信用調査：Selecting partners, Credit reference

(3) 照会、引合い：Inquiry

(4) 一般的取引条件協定の締結：Agreement on General Terms and Conditions of Business

(5) 申込み：Offer

(6) 売買契約の締結：Concluding a Sales Contract

(7) クレーム求償：Adjustment of Claim

B. 引渡しプロセス

(1) 船積みと船積書類：Shipment, Shipping Documents

(2) 輸出申告と通関：Export declaration, Customs Clearance

(3) 海上コンテナ、航空輸送：Ocean Container, Air Transport

C. 決済プロセス

(1) 信用状と外国為替：Letter of Credit, Foreign Exchange

(2) 海上保険と貿易保険：Marine, Trade Insurance

(3) 決済：Settlement

　これらの貿易取引プロセスを円滑に推進するためのコミュニケーション方法がビジネス英文レターとメールであり、以下の表現法として特徴を持っている。

　ビジネス英文文書は、旧イギリスの海外貿易を中心にして発達した Commercial English と、その後、米国系の国内取引を中心に発達したといわれる Business Trade English の2つの発達系列がある。現在は統合され、1つの総称 Commercial Correspondence（商業通信）、Documents（文書）、Reports（報告書）、Advertisements（広告）、Telegram、Cable、Tele facsimile、e-mail、e-Documents 等までを含めた幅広いビジネス用慣用英語として扱われるようになってきている。これらの中で、Correspondence が最も頻度が高く、幅広い分野で活用されている用語表現である。特に、貿易ビジネス英語では、業界で慣用として利用容認されている表現を用いる（コロンビア大学 Pitman 教授提唱）、Technical Terms（取引の専門用語）と Practical Sentence Pattern（商用慣用句）が中心となって発展している。

　ビジネス英文、特に通信コレスポンデンスでは、限られた取引の類型において、また限定された配列と様式（Layout、Style）の特徴をもっている。ビジネス英語で提唱されるスローガンには、以下のようなものがある。

Business English：5C's of business letters

① Correctness　正確性

② Conciseness　簡潔性、能率

③ Clearness　明瞭性

④ Courtesy　礼節性

⑤ Consideration　配慮性

上記のスローガンを具体的に表現すると次のように示すことができます。

　a. Be courteous、sincere、and appealing　丁重、親切、魅力的であれ

　b. Be clear、concise、and cohesive　明瞭、簡潔、まとまり良く

　c. Make a discriminating choice of expressions　表現の丹念な選択

　d. Be persuasive and motivative　説得力と動機付け

　米国ではセールスマンシップ（Salesman ship）がレターに盛り込まれ、高度な販売促進（Sales Promotion）としての手法として活用され、この点で、日常生活で用いられる英語表現とは異なった領域を構成している。

またビジネス英語ではラテン（Latin）語源の利用が多く、商品名は、その知名度、商標浸透力の面からラテン語名称が多くなる。また専門用語にも貿易業界の中の俗語（Jargon）から発生したものが多くある。

3.2 貿易コミュニケーション

1. ビジネス英文レター・メールの作成要領

一般的な英米スタイルによるビジネス英文・レターの作成方法について、以下に解説します。英米においては、レター・ライティングが伝統的な様式（Style）を形成しており、最近は、テレックス（Tele type writer-exchange）、ファクシミリ（Facsimile）、電子メール（e-mail）も多く使用されてはいるものの、取引の信頼性と後々の法的紛争処理のための信憑書類としての性質から、重要な取引項目についてはレター（文書）にて確認する商慣習があります。

日本では、あまり意識しないレターの様式（Format）について配列（Layout）、句読法（Punctuation）に重要性がありますので、十分に理解しておくことが必要です。

（1）ビジネス英文・レターの配列（Layout）

① Indented-Style（Indented Form with closed Punctuation）

Sender's Address（発信者の住所）と Date（日付）はレターフォームの右肩上、Inside Address（受信者の住所と宛て名）はそれらより2～6ラインスペース下左側マージンに合わせます。本文の1行目は左端から始めますが、2行目からは3～5スペース分を文頭から引っ込めます。各行末にはカンマを打ちますが、最終の行末にはピリオドを打ちます。英国伝統の様式美からはバランスがとれ美的である反面、能率を重んじるアメリカ式ではあまり用いられません。

② Modified（or Semi）blocked-style（Modified（Semi）blocked form with Mixed Punctuation）

Indented と Blocked の折衷式で、Date（日付）、Complimentary Close（結語）、Signature（署名）はレターのより右方に寄せます。Paragraph を indent させる（Semi-blocked）か、させないか（Modified）は一般にその業界および企業の慣習によります。その他の部分（In side Address（受信者の住所と名前）、Salutation（冒頭礼辞）、Body（本文）Notations（付帯的構成要素）は左端マージンにそろえ（flush）ます。

= Layout of Business English Letter =

① Indented–Style

———————,
———————,
———————.
May 1, 202 –

———————,
———————,
———————.
Dear　Sir(s),
——————————————————————
——————————————————————
——————————————————
——————————————————————
——————————————————————
——————————————————
Your　faithfully,

Encl.1　　　　　　　　　　CO.,LTD

② Modified-Style

——————————
——————————
——————————
May 2, 202 –

——————————
——————————
——————————
Dear　Sir:
－－－－ ——————————————
——————————————————————
——————————————————————
－－－－ ——————————————
——————————————————
Very　truly　yours,

Encls

③ Blocked-Style

——————————
——————————
May 3, 202 –

——————————
——————————
Dear
——————————————————————
——————————————————————
——————————————————————
——————————————————————
——————————————————————
Very　truly　yours,

Enc.

④ Simplified-Style

——————————
——————————
May 4, 202 –

——————————
——————————
Gentlemen;
——————————————————————
——————————————————————
——————————————————
——————————————————————
——————————————————————
Truly　yours,

Enc.

③ Blocked-style（Blocked Form with Open Punctuation）

Blocked Form はレターの（Letterhead 頭書を除く）ほとんどの部分（Inside Address、Salutation、Complimentary Close、Signature）を左端マージン（left margin）にそろえます。タイピングキャリッジ（carriage movement）の手間が少なく、能率本位の形式で、米国で多用されます。また全てを左マージン寄せにする Full Blocked-style も多く利用されます。

④ Simplified-Style

アメリカ経営管理協会の推奨するスタイルで冒頭礼辞（Salutation）、結辞（Complimentary Close）は省かれます。標題（Subject）が使われ大文字（Large capitals）で書かれます。

（2）会社名の英文表記

日本語の社名を英語名に変える場合には特に決められたルールがあるわけではなく、主に英語圏で使われている「会社」を意味する単語を社名につける例がほとんどです。つまり、英文社名の場合、株式会社、有限会社にそのまま対応する単語が存在せず、有限責任であることを示す共通の言い方か、会社を意味する単語かの二択です。しかも、国によっては、後者でも有限責任の法人を意味します。日本の法人登記ではローマ字（アルファベット）が使えるものの、株式会社を別の単語、例えば Co. Ltd. や Inc., などに代えて登記をおこなうことはできません。つまり、英文社名は法的に登記で言い方を登録するようなものではないということです。

日本の会社における英文社名というのは、登記上のものではなく、あくまで自社が貿易や契約などで用いる際の便宜的なものです。ただし、貿易上で用いられる書類の多く（インボイスや証明書類）はそれぞれの書類で用いる社名に差異があると、通関上問題が発生することもあり、統一的な運用が求められます。

英国や米国ではそれぞれ登記上に必要な要件があるため、例えばイギリスの社名では株式会社に相当する有限責任法人であれば必ず Limited をつける必要があります。

取引の多い相手国の形式にあわせる、という考え方もありますが、見た目や表記の問題、語呂やアルファベットの語感などから選ばれることも多いようです。

・「Limited」「Ltd.」

有限責任であることを示す文言ですが、これだけでも法人であることが明白のため、英文社名につけることで、海外企業からも法人名だとすぐにわかるようになります。

・「Inc.」「Inc Ltd」

Incorporated は法人登記されていることを意味する用語ですが、こちらも法人を意味する定型の表現です。Ltd をつければ、有限責任であることを示すことができます。日本語の株式会社、有限会社いずれにも当てはめることができます。

・「Co., Ltd.」「Company Limited」

日本企業の英文社名で非常に多いパターンですが、有限会社、株式会社双方で使え

ます（両者の区別はありません）。

・「Corp.」「Corporation」

Corporation の原義は法人格があること、とされるため営利企業以外でも使えます。比較的規模の大きい会社のイメージがありますが、特に制限があるわけではありません。

・「Company」

自社名の末尾にカンパニーをつけただけでも英文社名としては問題ありませんが、有限責任であることを特に示したい場合には、Limited の文言を入れることが多いです。「〜商会」というような場合にも使えます。

＝英語社名表記の表現例＝

| MFG | 製作所を意味する Manufacturing の短縮形。例：ABC MFG, LTD など |
| Industries | 「工業」を意味する部分を英訳した場合 |

また貿易ビジネスレターには、様々な貿易用語から派生した表現を中心として以下に挙げる省略語が多用されます。

＝頻出の貿易ビジネスレターの省略語＝

略称	正式な言い方
abbr	Abbribiation、省略
AKA	as known as、知る限り
ASAP	as soon as possible、できるだけ早く
assy	Assembly、組立て
ATM	at the moment、その瞬間
Attn	Attention、注記
ave	Avenue、通り
AWA	as well as、〜と同様に
b/w	Between、〜間に
b4	Before　〈4（four）の発音からの造語〉
bbl	be back late、あとで戻ってくる
biz	business
BOT	back on topic、話しは戻って、閑話休題
brb	be right back、直ぐ戻る
Btw	By the way、ところで
cs	Case、箱
CYA	see ya、see you

dept	Department、部門
dist	District、地区
div	Division、部、部門
dwai	dont worry about it、心配不要
dyk	do you know
ed	edited、編集
eof	end of file、以上
eom	end of message、以上
ETA	Estimated time arrival、到着予定時間
ETD	Estimated time for departure、出発予定時間
ex	Extension、外線
FOC	Free of charge、無料
FTF	face to face、直接会って
FYEO, FYO	for your eyes only、ご覧になれば（分かる）
FYI	For your information、ご参考までに
gj	good job、良くやった
gl	good luck、幸運を祈る
GMAB	give me a break、休ませてください
INV	Invoice、インボイス
iow	in other words、言い換えると
JK	just kidding、軽い冗談
L8R	Later 〈8(eight) 発音を借りた表現〉
lol	Laughing out loud、爆笑
MOQ	minimum order quantity、最小発注単位
NPN	No Reply (Response) Necessary、返事不要
P/I	proforma invoice、試算送り状
pls	please
PO	purchase order、注文書
PS	Postscript、追伸
Re	Regarding、〜の件
req	Request、請求
rev	revision、revised、訂正
Rgds	Regards、敬具
TBD	To be determined、決定の予定
TGIF	thank god its Friday、週末の到来を喜ぶ
TIA	Thanks In Advance、前もっての感謝
tnx, thx	Thanks
TTYL	Talk to you later、後で話します
viz	Videlicet. (namely)、つまり、言い換えると

第3章

貿易実務英語パート

第1節　貿易コミュニケーション

1.1　フォーマットと配列

　本項では貿易ビジネス英語の一般的なフォーマット配列を説明します。尚、【Exporters' Directory】など、【　】内は状況に応じて他の表現に置き換えします。

　一般的なビジネスレターのフォーマット項目とその表現パターン例を以下に示します。

```
              レターレイアウト LAYOUT

            （①表題　タイトル）

      （②冒頭礼辞）

      （③本文）

      ＜④相手を知った経緯と商材への関心＞

      ＜⑤自社紹介＞

      ＜⑥自己紹介＞

      ＜⑦取引相手への要請＞

      （⑧要求項目）

      （⑨閉じ句）

      （⑩結辞）

      （⑪署名）
```

各項目の表現例を以下に掲げます。

① **表題：タイトル　レターの本文頭に表題を記入する。**

RE: Inquiry and Request for Your（[商材名]）Samples

② **冒頭礼辞：サリュテーション**

Dear Sirs,

Gentleman:

③ **本文：ボディ　以下、パラグラフ　段落を分けます。**

④ **相手を知った経緯と商材への関心**

We came to know your products through【Exporters' Directory】and got commercially interested in the above product, which seems to *satisfy【our users（house builders and DIY fans）】in our【 European markets.】

⑤ **自社紹介**

We are one of the major【building material distributors】in Germany,

and【sell many kinds of building tools and materials to house

construction companies and retail shops.】

⑥ **自己紹介**

We are Ms. Johanna Tersh, *responsible for developing new products for our market.

*responsible for は担当業務の紹介の表現

⑦ **取引相手への要請**

First off, please send us the following for our *close study on its *marketability (/*performance) at your early convenience

　　*close study：十分な検討

　　*marketability：商品販売の需要潜在性

　　*performance：性能

⑧ **要求項目：見易く箇条書きにします**

1. the product information（commercial brochures、technical information, etc）

2. the price list, and

3. 20 samples of your above product, *hopefully free of charge

⑨ **閉じ句：本文末の結び**

We are looking forward to hearing from you soon.

If you have any question about us, please let us know.

⑩ **結辞：コンプリメンタリークローズ**

Best Regards td.

⑪ 署名：シグナチュアー

Johanna Tersh

Director, Procurement Div.

European Housing L

　以上のような順番でレイアウト（配列）を決め、全体のフォーマット（様式）を定めます。英米では、このようなレターのビジネス文化が発達しており、上手なレターライターは貿易ビジネスの推進力となります。

1.2　貿易実務英文ｅメールの標準的なフォーマット

　打ち合わせや下交渉の簡易なコミュニケーションには、ｅメールを用います。レターは正式な契約や文書のやり取りに使うのに対して、ｅメールはその準備に用います。

引合についてのｅメール例

Hellow, we are a major tool distributor in Japan.

We have a great interest in your product, Toggler.

Pls send us the product details, price list and pricing.

Thank you.

　次に一般的な貿易ビジネスレターの慣用表現例を見ていきます。特に検定試験などでは、ここに出題が集中しますので、繰り返し学習して表現に慣れておいてください。

1.　貿易取引に典型的な件名

（1）レター表題例

・Request for Quotation

　見積もりのお願い

・Inquiry about Product No.HDP201

　製品 HDP201 についての問い合わせ

・Order from your Catalogue

　カタログからの注文

・Order for Product #LLOS001

商品番号 LLOS001 の注文の件

（2）交渉・確認の件名例

- Change in Quantity（PO #SSK0001）＊

  数量変更のお願い（注文番号 SSK001）

  ＊PO（Purchase Order）：注文書、発注書

- Expected Delivery Schedule（PO #005KOS）

  納期のお知らせ（注文番号 005KOS）

- Confirmation of Shipping Schedule（Invoice No. JIPI-002）＊

  出荷スケジュールご確認のお願い（インボイス番号 JIPI-002）

- Error in Invoice No.ZUS0023

  インボイス番号 ZUS0023 の誤り

- Please Reply by Friday（Error in Invoice No.Z US0023）

  金曜までにお返事ください（インボイス番号 ZUS0023 の誤りについて）

- Dispatch Notice（PO No. POKP0003）

  発送のお知らせ（注文番号 POKP0003）

- Broken Items（PO #JJQ-0002）

  破損品について（注文番号 JJQ-002）

- Reminder: Payment（Invoice No. KK-0038）

  督促：インボイス番号 KK-0038 の支払いについて

（3）本文の例

① 自社紹介

- My Name is Hanako Suzuki of ABC Corporation.

  I'm in charge of trading department.

  We have got your name and address through Hong Kong Craft Fair website.

  ABC 株式会社の鈴木花子と申します。貿易部門を担当しています。

  このたび、御社のことを香港クラフトフェアのサイトで知りました。

- It has been a long time since we last contacted you.

  以前御社にご連絡してから、大変ご無沙汰しています。

- We hope you do not mind our contacting you out of blue.

  突然のご連絡で、失礼いたします。

② 見積り・受発注について

- We have a favor to ask（of）you.

  お願いがあります。

- We are interested in the items below and would appreciate your sending us a price quotation for them.

  Please be sure to include any shipping fees in your quote.

  御社の以下の商品に興味があります。これらの商品のお見積もりをいただけますでしょうか。お見積もりには、送料も含めたものをいただければ幸いです。

- Please let us know the minimum quantity of each items, and packing information.

  各商品の最低注文数量、梱包仕様についてお知らせください。

- Thank you for your inquiry.

  We have examined your quotation and determined that it is rather high.

  Would you be able to discount any further?

  We would like to know if you could offer volume discount.

  お見積もりをいただき、ありがとうございました。

  お見積もりを検討しましたが、この価格は割高のように思います。

  もう少しお安くしていただけませんか？

  数量割引ができるかどうかもお教えください。

③ 見積依頼に対応する

- The quoted price includes the cost of shipping and handling.

  お見積もりの金額は、送料と梱包費を含んでいます。

- This（is）the lowest price we can offer you.

  最低価格でお見積もりをさせていただいています。

- We regret to say that we cannot offer you a further discount.

  申し訳ありませんが、これ以上値段を下げることはできません。

④ 発注内容

- Regarding the packing, we would like you to pack in the cardboard box.

  商品の梱包についてですが、段ボール箱で梱包していただきたいです。

- We'd like to place an order for some items.

  The details of our orders are written in the purchase order attached.

御社の商品を注文したいと思います。

注文内容の詳細は、添付の注文書をご覧ください。

⑤ 受注内容

・ If there is no problem, please sign us back by PDF file.

問題がなければ、サインをいただき PDF ファイルでご返送をお願いします。

・ We are pleased to accept your order.

ご注文を確かに承りました。

⑥ 納期

・ Would it be possible to move the shipping date before September 15?

Because we are afraid of losing sales opportunities for the seasonal items.

本件、季節商品につき、販売の機会損失を避けるために、出荷日を 9 月 15 日よりも前にしていただくことは可能でしょうか。

⑦ 受注内容

・ This is to inform you that the shipping schedule PO #USL0022 will be delayed.

注文番号 USL0022 の出荷スケジュールの遅延をお知らせいたします。

・ We would be grateful if you could accept one-week extension of the shipping time because of our production delay.

生産遅延のため、1 週間出荷を延期させていただけませんでしょうか。

・ The reason for this delay is that we have found the defect items when we made a final inspection.

We urgently check the all items and production line.

We inform you the shipping time shortly.

遅延の原因は、本日商品の最終チェックをおこなったところ、欠陥品が見つかったためです。

至急、すべての商品、生産ラインのチェックをおこないます。

つきましては、改めて出荷日時をご連絡いたします。

⑧ 発送・受取について

■発注内容に関する例文

・ You informed you would send the sample last week, but we have not yet received.

先週サンプルを発送するとご連絡いただきましたが、まだ受け取っていません。

■受注内容に関する例文

・ The shipment date for PO #442444 will be June 7.

注文番号 442444 の出荷予定日は 6 月 7 日になります。

・ Your order PO#W-1035 is expected to be shipped out on 25th July, and will arrive at 3rd August.

ご注文番号 W-1035 の商品は、7 月 25 日に発送し、8 月 3 日に到着予定です。

⑨ クレーム

■クレームについての例文

・ We apologize for the inconvenience.

ご迷惑をおかけしてしまい申し訳ございません。

・ Thank you for your shipment for our order （PO#RMP0025, INVOICE #19038）.

However, on checking the goods we received a while ago, we found that there are 9 defect items in one carton.

注文番号 RMP0025 の出荷ありがとうございました。

たった今、受け取った商品を調べましたところ、ひとつのカートンに 9 つの欠陥品がありました。

・ Regrettably, we have to point out the way in which our order has been packed.

The stuffing inside the carton was so loose that many glass dishes have been broken.

Please see our attached photo.

残念ながら、注文した商品の梱包方法についての申し送り事項があります。

ダンボールの中の詰め物がゆるんでいたため、たくさんのお皿が割れています。

添付写真にてご確認ください。

・ Would you please check on this matter and let us know what you can do for us right away?

このたびの問題に関して、どのようにご対応いただけるのか、ただちにご連絡ください。

・ We would like to ask you to ship the correct product the promptly by air at your expense.

弊社としては、正規の商品を御社の費用にて、航空便で発送いただくようお願

いしたいです。

- We regret to inform you that you have not sent us our complete order.

  The following is missing: 〜

  御社から弊社に送っていただいた商品に、欠品があったことをお知らせします。

  下記のものが不足しています。

- We regret to inform that some parts were out of specification.

  They were 3mm larger than our agreement.

  仕様書（規格）外の部品があったことをご報告します。

  規格よりも 3 ミリ大きいです。

以上、貿易コミュニケーションの表現パターン例文を示しましたが、貿易ビジネスで特徴的言い回し、表現技法が特有である事に十分に注意してください。このような固有の表現形式が、貿易取引に慣習的で、取引信用を形成する場合が多いのです。

1.3　貿易コミュニケーション分野の練習問題

（1）貿易実務とコミュニケーション

貿易ライセンスでは、先に示したような貿易業界で慣習的な典型表現と用語定義（専門用語）が重要な試験ポイントとなっています。

以下の問題例を確認して、専門用語についての理解と用語リストを確認しましょう。

例えば IBAT（国際取引業務検定）では、以下のような問題（過去類題）が試されます。

貿易用語の知識が試されますので、第2節に収載の専門用語リストを参照して基礎用語について十分に確認しておきましょう。

以下、コミュニケーション用語についての過去類題例を掲げますので、出題パターンに慣れておいてください。

練習問題

▶問 1　通関手続きについての問題例（IBAT 類題）

税関長から AEO の承認を受けると輸出入通関で優遇措置が受けられます。この「AEO」の正しい英語のフルスペルを下記の中から 1 つ選びなさい。

1) Authorized Express Organization

2) Authorized Economic Operator

3) Automatic Economic Operator

4) Accurate Economic Organization

▶問2　荷為替手形用語についての問題例

次の英文の説明内容に合致する語句を、下記のうちから1つ選びなさい。

The bank will only release the bill of lading to the importer if the importer pays against the draft (D/P) or accepts the obligation to do so at future time (D/A).

1) Invoice Discounting

2) B/C Discounting

3) Bill for Collection

4) Documentary Credit

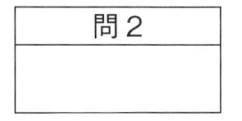

▶問3　貿易コミュニケーションについての問題例

次の英文の和訳として適切なものを1つ選びなさい。

We would like to remind you that we requested you to deliver 100 milling machine but so far we have not received only 35 of them. Please expedite the shipment of the remaining goods. Upon receipt of the remaining goods, we would like to pay you the balance in full.

1) 弊社は貴社から100台のフライス盤をご注文いただいており、これまでに調達した35台は引渡完了済みであることを念のためお伝え致します。残りの商品の船積みについては貴社からの残金全額の支払いが条件です。

2) 弊社は貴社に100台のフライス盤の引渡しをお願いしていましたが、35台のみ船積みが確認できたことを念のためお伝えします。在庫商品の船積みを適切におこなって頂くようお願いします。在庫商品を受け取り次第、全額を

貴社に支払います。

3) 弊社は貴社に 100 台のフライス盤の引渡しをお願いしていましたが、これまで弊社は 35 台しか受領していないことを念のためお伝えします。残りの商品の船積みを急ぐようお願いします。残りの商品を受け取り次第、残金全額を貴社に支払います。

4) 弊社は貴社に 100 台のフライス盤のうち現時点で 35 台が取引先から搬入されたことをお伝えします。在庫商品の船積みを期待してください。在庫商品の受け取り後にそれに見合う額を貴社に支払うこととします。

問3

解答▶練習問題 1　問 1　2)　　問 2　3)　　問 3　3)

（2）貿易実務検定試験対策類題

過去類題練習－1

▶問 1　次頁の PO（注文書）を読んで、各問いに文中の語句（英語）で解答してください。

1) このドキュメントで、売主は（　①　）であり、買主は（　②　）である。

2) この取引でインコタームズは（　③　）条件シカゴ港渡しである。

3) このドキュメントの注意書きは（　④　）である。

4) 支払い条件は取消不能信用状（　⑤　）払いである。

①	②	③	④	⑤

<table>
<tr><td colspan="6" align="center">Purchase Order</td></tr>
<tr><td colspan="3">Boujitubussan Co.,Ltd</td><td colspan="3">Order to Kentei Trading Co.,LTD</td></tr>
<tr><td colspan="3">Ref</td><td colspan="3">Payment Terms
Irrevocable L/C at sight in your favour</td></tr>
<tr><td colspan="3">Method of transport
By SEA</td><td colspan="3">Date
Feb 10,2022</td></tr>
<tr><td colspan="3">Insurance
At our expense</td><td colspan="3" rowspan="2">Ocean shipment to be effected by Boueki Line</td></tr>
<tr><td colspan="3">Packing</td></tr>
<tr><td>Marks& Nos.</td><td>Descriptions</td><td>Quantity</td><td>Unit Price</td><td colspan="2">Amount</td></tr>
<tr><td>KTC</td><td>Model motorcycle</td><td></td><td></td><td colspan="2"></td></tr>
<tr><td>CHICAGO</td><td>HONDA A</td><td>10 boxes</td><td>@JPY2,000</td><td colspan="2">JPY800,000</td></tr>
<tr><td>C/No.1-120</td><td>KAWASAKI B</td><td>10 boxes</td><td>@JPY2,000</td><td colspan="2">JPY800,000</td></tr>
<tr><td>Made in USA</td><td>TOYOTA C</td><td>120 boxes</td><td>@JPY2,500</td><td colspan="2">JPY9,000,000</td></tr>
<tr><td colspan="6" align="center">Stow away from heat
 Boujitu Bussan Co.,Ltd </td></tr>
</table>

▶**問 2**　以下の貿易専門用語について、和訳を下の語群から選んで記入（日本語）してください。

番号	用語	和訳
1	Forward Exchange	
2	Freight rate	
3	Notify Party	
4	Manifest	
5	Drawer	
6	Arbitration	
7	Attachment	

8	Supplier	
9	Company brochure	
10	Clean B/L	

［語群］
・手形振出人　　・会社案内　　・先物為替　　・船荷目録　　・付属書類

・無故障船荷証券　　・仲裁　　・着荷通知先　　・仕入先・供給者　　・運賃率

▶問3　以下の文中の①〜⑤の用語を英訳で解答してください。

貿易取引で重要な船積書類には、①インボイス、②船荷証券、③保険証券がある。

貿易取引で標準の決済方法には、④信用状を用いた⑤荷為替手形が使われる。

①	②	③	④	⑤

▶問4　以下の日本文に相当する英文で（　　　　）に英語で適語を入れてください。

1）御社注文書28番の当社の積荷が品質不良であることを、御社のメールで知り遺憾です。

We regret to learn from your e-mail that our shipment against your order No.28 were

（　　①　　） in quality.

2）弊社の注文が御社に満足され、出来るだけ早く注文を賜ることを希望しております。

We hope you will find our offer satisfactory to you and will be （　　②　　） with an

order as soon as possible.

3）御社のサンプル商品の送付と最勉強価格を早めに教えてくれませんか。

Would you please send us your sample goods and （　　③　　） prices soon?

①	②	③

過去類題練習－1　解答例

解答▶問1　PO（Purchase Order）とは、商品名や出荷条件などの販売条件を記載した購買指示書などの「受・発注書」を指します。買主が作成しますが、本問題のように売主が作成する場合も多くあります。この問題の場合、（order from 売主）貿実物産（株）、（order to 買主）検定貿易（株）となりますので注意が必要です。荷印のメインマークには最上段に荷主（買主）を、次段に仕向け地（輸入地）を記載します。この場合、KTC（買主）がシカゴ（仕向け地）の運送手配、また貨物海上保険の手配は売主（貿実物産）となっています（CIF）。

①	②	③	④	⑤
Bojitsu Bussan Co., Ltd	Kentei Trading Co., Ltd	CIF	Stow away from heat （熱から離せ）	At sight （一覧払い）

解答▶問2

番号	用語	和訳
1	Forward Exchange	先物為替
2	Freight rate	運賃率
3	Notify Party	着荷通知先
4	Manifest	積荷目録
5	Drawer	手形振出人
6	Arbitration	仲裁
7	Attachment	付属書類
8	Supplier	仕入先・供給者
9	Company brochure	会社案内
10	Clean B/L	無故障船荷証券

解答▶問3

①	②	③	④	⑤
Invoice	Bill of Lading	Insurance policy	Letter of Credit	Documentary Draft

解答▶問4

①	②	③
inferior	favored	best

過去類題練習－2

▶問1　以下の貿易用語について、和訳してください。

番号	貿易用語	和訳
1	Additional Order	
2	Application	
3	Certificate of Origin	
4	Customs Duty	
5	Deferred Payment	
6	Endorser	
7	General Average	
8	Net weight	
9	Tramper	
10	Wholesale Price	

▶問2　以下の貿易用語について、英訳してください。

番号	貿易用語	英訳
1	在来船	
2	注文請書	
3	単独海損	
4	総重量	
5	代金先払い	
6	署名	
7	品質証明書	
8	消費税	
9	注文取り消し	
10	定期船	

▶問3　以下の文を読んで、正しければ YES、誤っていれば NO を（　　　　）に記入してください。

1）英文ビジネス E メールは、必ず丁寧な表現にしなくてはならない。

（　　　　　　　　）

2）INVOICE は貨物の代金請求書ならびに貨物の明細書の役割をもった書類である。　　　　　　　　　　　　　　　　（　　　　　　　　）

3）ブロックスタイルは米国式で、各文の書き出しは字下げをしない。

（　　　　　　　　）

4）英国式 Indented スタイルでは、サリュテーション（挨拶）は Gentlemen である。　　　　　　　　　　　　　　　　（　　　　　　　　）

5）航空貨物受取証（AWB）は、船荷証券と異なり有価証券としての働きはない。　　　　　　　　　　　　　　　　　（　　　　　　　　）

▶問4　以下のドキュメント（外国為替手形）を読んで設問に（　　　　）内に答えてください。

1）下線部分⑤の銀行をなんと呼びますか。　　　　（　　　　　　　　）

2）本文の The First National City Bank of New York は、どのような役割を果たす銀行ですか。

（　　　　　　　　）

3）この荷為替手形は、A.　一覧式手形　B.　期限付き手形のどちらですか。

（　　　　　　　　）

4）FIRST BILL（第1券）、SECOND BILL（第2券）の組み合わせをなんと呼びますか。　　　　　　　　　　　　　　　（　　　　　　　　）

5）この手形の売主（振出人）は（①　　　　　　　　　　）、買主（名宛人）は（②　　　　　　　　　　）である。

(第一券)

```
No.200  ①
                    BILL  OF  EXCHANGE
      U.S.Currency
For    $9,760.00②                         Tokyo,March 25,20...  ③
                       At ④                    sight of this FIRST
of Exchange (SECOND of the same tenor and date being unpaid)
Pay to  THE BANK OF TOKYO  ⑤  or order the sum of
      U.S.Dollars Nine Thousand Seven Hundred and Sixty only
in U.S.Currency
Value received and charge the same to account of New York Trading
Co., New York⑥
Drawn under The First National City Bank of New York, New York  ⑦
L/C No. 1,000  Dated Feb.20,19...
                       ⑧ NIPPON TRADING CO., LTD.
To The First National City Bank of New York, New York
      U.S.A.                         ⑨
                                   Manager
```

(第二券)

```
No.200
                    BILL  OF  EXCHANGE

   U.S.Currency
For $9,760.00                        Tokyo,March 25,20...
                     At             sight of this SECOND
of Exchange (FIRST of the same tenor and date being unpaid)
Pay to    THE BANK OF TOKYO        or order the sum of
      U.S.Dollars Nine Thousand Seven Hundred and Sixty only
      in U.S.Currency
Value received and charge the same to account of New York Trading
Co., New York
Drawn under The First National City Bank of New York, New York
L/C  No.       1,000     Dated Feb.20,19...
                     NIPPON TRADING CO., LTD.
To The First National City Bank of New York,New York
            U.S.A.
                                   Manager
```

▶問5　次の用語の本来のスペルを表記してください。

番号	省略表記	スペルアウト
1	EOF	
2	FAQ	
3	ICT	
4	R&D	
5	RFP	
6	PO	
7	ASAP	
8	RE	
9	, EST	
10	@	

過去類題練習－2　解答例

解答▶問1

番号	貿易用語	和訳
1	Additional Order	追加注文
2	Application	依頼
3	Certificate of Origin	原産地証明書
4	Customs Duty	関税
5	Deferred Payment	後払い
6	Endorser	裏書人
7	General Average	共同海損
8	Net weight	正味重量
9	Tramper	不定期船
10	Wholesale Price	卸売値段

解答▶問2

番号	貿易用語	英訳
1	在来船	Conventional Vessel
2	注文請書	Confirmation of Order
3	単独海損	Particular Average
4	総重量	Gross Weight
5	代金先払い	Prepaid
6	署名	Signature
7	品質証明書	Certificate of Quality
8	消費税	Consumption Tax
9	注文取り消し	Cancellation of Order
10	定期船	Liner

解答▶問3

1）No 「必ずしも丁寧でなくてよい」慣例です。

2）Yes

3）Yes

4）No　Dear Sirs,

5）Yes

解答▶問4

1）買取銀行

2）信用状発行銀行

3）B

4）組手形

5）① NIPPON TRADING CO.,LTD.　② New York Trading Co.,New York

解答▶問5

番号	省略表記	スペルアウト
1	EOF	End of File
2	FAQ	Frequent Asked Questions
3	ICT	Internet Communication Technology
4	R&D	Research and Devbelopment
5	RFP	Request for Proposal
6	PO	Purchase Order
7	ASAP	As soon as possible
8	RE	Regarding
9	, EST	And so on
10	@	At (Uint)

過去類題練習－3

▶問1　以下の貿易用語について、和訳してください。

番号	貿易用語	和訳
1	Assured	
2	Business Background	
3	Capital	
4	Commission	
5	Customs Duty	
6	Drawee	
7	Export Permit	
8	Freight Prepaid	

9	Profit	
10	Liner	

▶問2　以下の貿易用語について、英訳してください。

番号	貿易用語	英訳
1	不定期船	
2	輸出申告書	
3	品格	
4	正味重量	
5	代金後払い	
6	保険者	
7	数量	
8	手形名宛人	
9	利息	
10	混載便	

▶問3　以下の文を読んで、正しければYES、誤っていればNOを（　　　）に記入してください。

1）貿易ビジネスドキュメントは、主に英文である。　（　　　　　　　　　）

2）信用状L/Cは売主の支払い証明と銀行連帯保証の役割をもった書類である。
（　　　　　　　　　）

3）インデンテッドスタイルは英国式で、各文の書き出しは字下げしない。
（　　　　　　　　　）

4）英国式Indentedスタイルでは、サリュテーション（挨拶）はDear Sirs、である。　（　　　　　　　　　）

5）航空貨物受取証（AWB）には、HAWBとMAWBと二種類ある。
（　　　　　　　　　）

過去類題練習－3　解答例

解答▶問1

番号	貿易用語	和訳
1	Assured	被保険者
2	Business Background	営業経歴
3	Capital	資本
4	Commission	手数料
5	Customs Duty	関税
6	Drawee	名宛人
7	Export Permit	輸出許可
8	Freight Prepaid	運賃前払い
9	Profit	利益
10	Liner	定期船

解答▶問2

番号	貿易用語	英訳
1	不定期船	Tramper
2	輸出申告書	Export Declaration
3	品格	Character
4	正味重量	Net Weight
5	代金後払い	Deferred/Collect Payment
6	保険者	Underwriter
7	数量	Quantity
8	手形名宛人	Drawee
9	利息	Interest
10	混載便	Consolidation

解答▶問3

1) Yes

2) No　買主の支払い証明、連帯保証です。

3) No

4) Yes

5) Yes

過去類題練習－4

▶問1

今月末までに相手側（you）からの報告を期待するための結びとしての表現として適切な英文を次の中から1つ選びなさい。

1）We would be appreciated if you would send us the report by the end of this month.

2）We would appreciative if you would send us the report by the end of this month.

3）We would appreciate it if you would send us the report by the end of this month.

4）We would appreciate you if you would send us the report by the end of this month.

問1

▶問2

製品Aを100セット、貴社（your company）に注文することを伝える英文として適切な英文を1つ選びなさい。

1）We would like to order 100 sets of the Product A from your company.

2）We would like to order 100 sets of the Product A for your company.

3）We would like to order 100 sets of the Product A at your company.

4）We would like to order 100 sets of the Product A in your company.

問2

過去類題練習－4　解答

解答▶問1　3)　　問2　1)

▶問1　次の実務用語の意味を、下の語群から選択して、その解答を解答欄に記入してください。

1）Firm Offer

2）Health Certificate

3）Import Quota

4）Force Majeure

5）Insurance Premium

6）Negotiating Bank

7）Freight Ton

8）Space Booking

9）Usance Bill

10）Wholesale Price

［語群］

a. 最終確認条件付き申込み　　b. 天災地変　　c. 運賃契約通り　　d. 衛生証明書

e. 輸入許可　　f. 買取銀行　　g. 保険金　　h. 植物検疫証明書　　i. 確定申込み

j. 運賃計算トン　　k. 保険料　　l. 輸入割当て　　m. 小売価格　　n. 船腹予約

o. 期限付手形　　p. 手形期限　　q. 卸売価格　　r. 船腹　　s. 補償銀行

t. 不可抗力

1)	2)	3)	4)	5)

6)	7)	8)	9)	10)

▶問2　次の実務用語の意味を、下の語群から選択して、その解答を解答欄に記入してください。

1）Additional Order

2）Validity

3）Export Permit

4）Unconfirmed Letter of Credit

5）Total Loss Only

6）House Air Waybill

7）Received B/L

8）Sales Confirmation

9）Draft at Sight

10）Delivery Order

[語群]

a．全危険担保　　b．船積み式船荷証券　　c．マスターエアウェイビル

d．取消不能信用状　　e．輸出申告書　　f．船積み指図書　　g．期限付き手形

h．荷渡し指図書　　i．一覧払手形　　j．売買契約書　　k．リピート　　l．販売確認書

m．受取式船荷証券　　n．貨物受取書　　o．混載航空運送状　　p．全損のみ担保

q．無確認信用状　　r．輸出許可証　　s．有効期限　　t．追加注文

1）	2）	3）	4）	5）

6）	7）	8）	9）	10）

▶問3　以下の英文を和訳し、以下の下線部に記入してください。

1. We are one of the leading manufacturers of electronic products in Japan and would like to enter into a business relationship with you.

2. Replying to your letter of October 1st inquiring about our line of products, we are pleased to send you a price list along with the latest general catalog of our products.

_____

3. As you requested, we would like to offer you 2000sets of portable terminals for reading electronic books subject to prior sale.

_____

4. We would like to inform you that we have opened a letter of credit for US$250150 in your favor through the Nagoya Commercial Bank.

_____

5. We have drawn a draft on your L/C issuing at 30 days after sight for the invoice amount of US$78000 according to the terms of the L/C.

_____

▶問4 次頁の貿易レターを読んで、以下の問題に答え、解答欄に記入してください。

JAPAN PLASTIC INDUSTRY CO., LTD.
1-9-6, Azabudai, Minato-ku Tokyo 106-0041　Japan

DATE: December 2, 2020

TO: American Petrochemicals, Inc.

Trade Terms:　CIF Seattle (Incoterms 2000)

Terms of Payment: Irrevocable letter of credit at sight.

Estimated Shipment:　Within 2 months of receiving your order for
　　　　　　　　　　100 Metric Tons of any grade and acceptable
Letter of Credit.

Marine Insurance:
　　　　　To cover the CIF price plus 10% against All Risks.

Packing:　Standard export packing
Shipment: Tokyo, Japan
Destination: Seattle, USA

Article number	Description	Quantity	Unit Price	Amount
#1	Polyethylene PE100	100 Mton	USD 1,400	USD 140,000
#2	Polyethylene PE200	100Mton	USD 1,500	USD 150,000

Export Manager

67

1. この英文は、何についてのものか、次のうちから選べ。

　A．Japan Plastic Industry Co., Ltd. が American Petrochemicals, Inc. に対する 1 メートルトンのポリエチレンの見積もりで、2 グレードの価格を呈示している。

　B．Japan Plastic Industry Co., Ltd. が American Petrochemicals, Inc. に対する 100 メートルトンのポリエチレンの確定オファーで、2 グレードの価格を呈示している。

　C．Japan Plastic Industry Co., Ltd. による American Petrochemicals, Inc. に対する 100 トンのポリエチレンのオファー。

2. この英文に記載の取引条件について正しいものは、次のうちのどれか。

　A．記載の価格の有効期限は、2007 年 12 月 2 日。

　B．船積みは、いずれのグレードも 100 メートルトンの注文および受諾可能な取消不能一覧払信用状を受領してから 2 ヶ月以内。

　C．保険条件は、CIF 価格に 10％上乗せした ICC（A）で、仕向地は米国シアトルである。

1	2

過去類題練習－5　解答例

解答▶問 1

1)	2)	3)	4)	5)
i	d	l	t	k
6)	7)	8)	9)	10)
f	j	n	o	q

解答▶問 2

1)	2)	3)	4)	5)
t	s	r	q	p
6)	7)	8)	9)	10)
o	m	l	i	h

解答▶問 3（以下、和訳例を示します）

1. 当社は日本における電子製品の大手メーカーの 1 つで、貴社と取引関係に入りたいと存じます。

2. 当社の製品種目についてお引き合い頂いた 10 月 1 日付貴信にお応えして最新の当社製品のカタログと一緒に価格表をお送りします。

3. ご要望どおり 2000 セットの電子書籍を読むための携帯端末を先売り御免条件付きでオファー致します。

4. 名古屋商業銀行を通じ貴社を受益者とする 250150 米ドルの信用状を発行したことをご連絡いたします。

5. 当社は信用状の条件に従って送り状金額 78000 米ドルに対する一覧後 30 日払い手形を貴社の発行銀行あてに振り出しました。

解答▶問 4

1	2
A	B

第2節　貿易実務用語のまとめ（重要）

用語集の語順

用語のまとめとして、以下の語順調整をしています。

＊重要用語の語順は、主に ABC 順です。

＊重要用語の前後に、その関連用語をまとめてリストしてあります。

重要用語を中心に学び、その関連を関連用語で確認してください。

No	英語	略表記	日本語	ルビ	補足 （試験での出題ポイント）	補足 -A	補足 -B
1	Acceptance		承諾／引受け	しょうだく／ひきうけ	〔流れ〕Proposal: 勧誘 → Inquiry: 引合い → Offer: 申込み （Counter Offer） → Acceptance: 承諾	引受けとは金融用語で後払いを認めることです	
2	Acceptance Rate		輸入手形決済相場	ゆにゅうてがたけっさいそうば	At Sight Rate　A/S レート 一覧払い輸出手形買相場		（頻出）
3	Additional Order		追加注文	ついかちゅうもん	まず試験注文、売れ行きを見定めながら再注文（追加注文）します		（頻出）
4	Advising Bank		通知銀行	つうちぎんこう	輸入者→L/C 発行銀行→通知銀行→輸出者→買取銀行→ L/C 発行銀行→輸入者		（頻出）
5	Agent Commission		代理店手数料	だいりてんてすうりょう			（頻出）
6	Amendment		条件変更	じょうけんへんこう	〔名称〕アメンド 信用状と船積書類内容との不突き合いの修正		（頻出）
7	Anticipated Cost		見込み原価	みこみげんか	〔似〕anticipated profit: 希望（見込み）利益 （CIF/CIP の +10％）		
8	Appreciation		高騰	こうとう	〔直訳〕感謝など（仏語） 〔対〕depreciation 価格下落／減価償却		
9	Arbitration		仲裁	ちゅうさい	貿易取引でのトラブル解決によく利用される専門家による解決方法		（頻出）

No	英語	略表記	日本語	ルビ	補足 (試験での出題ポイント)	補足 -A	補足 -B
10	Arbitration Clause		仲裁条件	ちゅうさいじょうけん			
11	Arrival Notice		着船通知書	ちゃくせんつうちしょ			
12	Asking Price		言い値	いいね			
13	Assured		被保険者	ひほけんしゃ	保険金受取人		(頻出)
14	Assurer		保険者	ほけんしゃ	underwriter		
15	A/S Rate		一覧払い輸出手形買相場	いちらんばらいゆしゅつてがたかいそうば	(信用状付) 一覧払い輸出手形買相場		(頻出)
16	ATA Carnet		通関手帳	つうかんてちょう	職業用具などの携帯輸入許可証		ATA カルネ
17	Attachment		付属書類	ふぞくしょるい			
18	Average Bond		共同海損盟約書	きょうどうかいそんめいやくしょ	〔意〕荷主が共同海損 (G/A:General Average) を同意する書類		(頻出)
19	Applicant		発行依頼人	はっこういらいにん	〔類〕申込人 /Opener 〔対〕Beneficiary: 受益者		(頻出) 輸入者を指します
20	Balance		残高	ざんだか			
21	Bank Reference		銀行信用照会先	ぎんこうしんようしょうかいさき	〔略〕Reference		(頻出) コルレス銀行による取引相手先の信用調査
22	Basic Fright		基本運賃	きほんうんちん			
23	Beneficiary		受益者	じゅえきしゃ	〔対〕Applicant: 発行依頼人 (←申込人 /Opener と同語)		(頻出) 売主 (輸出者) を指します

No	英語	略表記	日本語	ルビ	補足 （試験での出題ポイント）	補足 -A	補足 -B
24	Bill for Collection		取立手形	とりたててがた	輸入取立手形のこと。 正式には、(Import) bill for collection		（頻出）
25	Bill of Exchange	B/E	為替手形	かわせてがた	〔似〕Promissory Note: 約束手形	ドル支払請求書	（頻出）為替とは合衆国ドルを指します
26	Bill of Lading		船荷証券	ふなにしょうけん	有価証券で貿易取引の主要書類		（頻出）
27	Blank Endorsement		白地裏書	しらじうらがき	〔類〕Endorsement: 裏書 発行者（振出人、売り主）の署名		（頻出）
28	Bona Fide Holder		善意の所持人	ぜんいのしょじにん	〔補〕L/C 契約 支払確約文言に記載（左記に文例を示します）	当行は本信用状の条件にしたがって振り出され、買い取られた手形の振出人、裏書人および善意の所持人に対して呈示され次第、支払うことを確約します	We hereby engage with drawers, endorser and or bona fide holders that drafts drawn and negotiated in conformity with the terms of this credit will be duty honored on presentation.
29	Bonded		保税	ほぜい	外国貨物のままの状態にしておくこと : 保税 Bond: 保証の意味もある		
30	Bonded Area		保税地域	ほぜいちいき	税関管理下で外国貨物の保管・点検・加工・製造・展示ができる保税地区、または、外国貨物の積卸し・運搬・仮置きができる税関長から許可を受けた保税倉庫のこと		（頻出） 〔類〕Customs Aria
31	Bid Bond		入札保証	にゅうさつほしょう			
32	In Bond		保税渡し	ほぜいわたし	〔補〕プラント工事など金額が大きいものに関して、入札参加者に入札時に要求する保証金のこと		
33	Performance Bond		契約履行保証	けいやくりこうほしょう			

No	英語	略表記	日本語	ルビ	補足 （試験での出題ポイント）	補足 -A	補足 -B
34	Bulk Cargo		バラ荷	ばらに	〔類〕バルクカーゴ / バラ積貨物（主に鉱物の積み方）非梱包貨物		（頻出）
35	Bulky Cargo		嵩高品	かさだかひん	〔補〕航空用語。容積トン数が大きい（＝嵩張っている）貨物のこと		
36	Bunker Adjustment Factor	BAF	燃料割増料	ねんりょうわりましりょう	〔類〕 BS（Bunker Surcharge） EBS（Emergency Bunker Surcharge） EFAF（Emergency Fuel Adjustment Factor） FAF（Fuel Adjustment Factor）		（頻出）
37	Certificate of Inspection		検査証明書	けんさしょうめいしょ			（頻出）
38	Certificate of Insurance		保険承認状	ほけんしょうにんじょう			
39	Certificate of Origin	C/O	原産地証明	げんさんちしょうめいしょ	GATT の特恵関税制度などで利用される途上国への優遇税制手段		（頻出）
40	Certificate of Quality		品質証明書	ひんしつしょうめいしょ			
41	Certificate and List of Measurement and / or Weight	CLM	容積重量証明書	ようせきじゅうりょうしょうめいしょ	〔意〕国土交通省の許可を受けた宣誓検量人によって発行される、貨物の容積・重量証明書のこと	Certificate or List of Weight and Measurement	（頻出）
42	Chamber of Commerce and Industry		商工会議所	しょうこうかいぎしょ	日本では商業会議所、工業会議所が同一機関		
43	Channel of Distribution		流通経路	りゅうつうけいろ	〔補〕Distribution: 流通 Channel: 経路		

No	英語	略表記	日本語	ルビ	補足 （試験での出題ポイント）	補足 -A	補足 -B
44	Charter Party		傭船契約	ようせんけいやく	〔類〕用船契約　チャーター契約		（頻出）
45	Clean B/L		無故障船荷証券	むこしょうふなにしょうけん	〔補〕貨物梱包状況に異常がない船荷証券のこと		（頻出）
46	Collection		代金取立て	だいきんとりたて	〔直訳〕徴収 / 収金など		
47	Export bill of Collection		輸出取立手形	ゆしゅつとりたててがた	輸出代金の回収方法の一種		（頻出）
48	Combined Transport		複合輸送	ふくごうゆそう	〔対〕Intermodal Transportation/Multimodal Transport: 複合一貫輸送		（頻出）
49	Commission		手数料	てすうりょう			
50	Company Brochure		会社案内（書）	かいしゃあんない（しょ）	brochure（仏語）説明書		
51	Competition		競争	きょうそう	コンペ		
52	Confirmed L/C		確認信用状	かくにんしんようじょう	〔補〕信用状の種類 〔意〕信用状を発行した銀行の格付け（信用状態）が低い場合、格付けの高い別の銀行に確認（支払い保証）をすることで、決済の確実性を高めた信用状 〔対〕Unconfirmed L/C		（頻出）
53	Confirming Bank		確認銀行	かくにんぎんこう	貿易でドル信用の高い国際銀行、CITI Bank、HSBCなど		
54	Consignee		荷受人	にうけにん	〔他〕Notify Party: 着荷通知先		（頻出）
55	Shipper		荷送人	におくりにん			（頻出）
56	Consolidator		混載業者	こんさいぎょうしゃ	航空貨物輸送業態の１つ		（頻出）
57	Content		内容	ないよう			

No	英語	略表記	日本語	ルビ	補足 (試験での出題ポイント)	補足 -A	補足 -B
58	Contents		内容物	ないようぶつ	(複数形；具体化する)		
59	Conventional Vessel		在来船	ざいらいせん	貨物船		(頻出)
60	Container Vessel		コンテナ船	こんてなせん	=carrier		
61	Correspondence		通信（文）	つうしん（ぶん）	コレポンとも呼称される貿易慣用表現		
62	Correspondent Bank		コルレス銀行	こるれすぎんこう	ドル認証を受けた貿易に関わる銀行		(頻出)
63	Correspondent Agreement		コルレス契約	こるれすけいやく	コルレスはドル貿易の取引決済ネットワーク認証		
64	Cost Price		仕入原価	しいれげんか			
65	Credit Standing		信用状態	しんようじょうたい	〔似〕Financial Standing: 財務状態		
66	Customer		顧客	こきゃく			
67	Customs Broker		通関業者	つうかんぎょうしゃ	〔補〕Customs: 税関		
68	Customs Duty		関税	かんぜい			(頻出)
69	Customs Tariff Schedule		実行関税率表	じっこうかんぜいりつひょう	〔補〕Tariff: 政府が課す関税という意味を持つ。関税（法）、関税率、関税表などの意味にも使われる用語だが 物流運送業界では、運送料金表のことを指しているケースが多いので、間違えないように注意		(頻出)
70	Damage Survey Report		事故報告書	じこほうこくしょ	(保険の) 事故報告書		
71	Declaration		申告	しんこく			(頻出)
72	Defective Goods		不良品	ふりょうひん			
73	Delivery Order	D/O	荷渡指図書	にわたしさしずしょ			(頻出)

No	英語	略表記	日本語	ルビ	補足 (試験での出題ポイント)	補足 -A	補足 -B
74	Demurrage		超過停泊料	ちょうかていはくりょう	〔類〕滞船料 〔意味〕コンテナの延滞費用		
75	Destination		仕向地	しむけち	〔似〕Port of Destination: 仕向港 Final Destination: 最終仕向地	非仕向：出発地	（頻出）
76	Discharge		荷卸し	におろし	〔似〕Port of Discharge: 陸揚港 / 荷揚港 〔対〕Port of Loading: 船積港		
77	Discount		割引	わりびき			
78	Discrepancy		不一致	ふいっち	ディスクレ　L/C 条項と輸入条件の不一致		
79	Documents against Payment	D/P	手形支払い書類渡し	てがたしはらいしょるいわたし	信用状無しでの取引形態		（頻出）
80	Documents against Acceptance	D/A	手形引受書類渡し	てがたひきうけしょるいわたし	信用状無しでの取引形態		（頻出）
81	Draft at Sight		一覧払い手形	いちらんばらいてがた	支払いが荷為替手形の呈示時に即金でおこなわれる手形		（頻出）
82	Draw a Draft		手形を振出す	てがたをふりだす	（英文）draw a draft: 手形を振出す		（頻出）
83	Drawee		手形名宛人	てがたなあてにん	手形代金を支払う輸入者又は輸入者の銀行 名宛人＝支払人		（頻出）
84	Drawer		手形振出人	てがたふりだしにん	為替手形を振出す 為替手形の振出人は通常、輸出者		（頻出） 〔対〕Payee 受取り人
85	Payee		指図人	さしずにん	手形代金を受取る 買取銀行 指図人＝受取人		〔対〕Payer 支払い人
86	Due Date		期日 / 満期日	きじつ / まんきび	〔補〕支払日 /（手形の）満期日		
87	Duplicate		副本	ふくほん	コピー、複本		〔対〕Original

No	英語	略表記	日本語	ルビ	補足 （試験での出題ポイント）	補足 -A	補足 -B
88	Original		原本	げんぽん			〔対〕Duplicate
89	Endorsement		裏書	うらがき	〔類〕Blank Endorsement: 白地裏書		（頻出）
90	Endorser		裏書人	うらがきにん			
91	Exchang Contract	E/C	為替予約	かわせよやく			（頻出）
92	Exchange Contract Slip		先物為替予約表	さきものかわせよやくひょう			
93	Exchange Position		為替持高	かわせもちだか			
94	Exclusive Agent		一手代理店	いってだいりてん	〔意〕客先との売買契約の契約当事者ではなく仲介となる 〔似〕Sole Distributor: 一手販売店		
95	Export License		輸出承認（証）	ゆしゅつしょうにん（しょう）	規制事項（条件付き許可）を容認		
96	Export Permit		輸出許可証	ゆしゅつきょかしょう	禁止事項を容認		（頻出）
97	Extend a Market		市場を拡張する	しじょうをかいたくする	〔類〕develop: 開拓 / cultivate: 育成		
98	Fair Average Quality Terms	FAQ	平均中等品質条件	へいきんちゅうとうひんしつじょうけん	〔補・対〕標準品売買（Sale by Standard Quality）に FAQ と GMQ（適商品質条件）の 2 種	農産品など	（頻出）
99	Good Merchantable Quality Terms	GMQ	適商品質条件	てきしょうひんしつじょうけん	〔補・対〕標準品売買（Sale by Standard Quality）に FAQ（平均中等質条件）と GMQ の 2 種	漁労品など	

No	英語	略表記	日本語	ルビ	補足 (試験での出題ポイント)	補足 -A	補足 -B
100	Freight Collect		運賃後払い	うんちんあとばらい	運送費：荷物（貨物）受取側支払い 着払いのこと	インコタームズ F 条件	（頻出）
101	Freight Prepaid		運賃前払い	うんちんまえばらい	運送費：荷物（貨物）発送側支払い 元払い	インコタームズ C 条件	（頻出）
102	Financial Standing		財務状態	ざいむじょうたい	〔似〕Credit Standing: 信用状態		
103	Firm Offer		確定申込み	かくていもうしこみ	申込みに対して回答に期限が付されている		
104	Fiscal Year		会計年度	かいけいねんど	世界標準は 1 月～ 12 月		
105	Force Majeure		不可抗力	ふかこうりょく	〔似〕Act of God: 天災		（頻出）
106	Foul B/L		故障付船荷証券	こしょうつきふなにしょうけん	（事務用語）故障とは本来の働きが毀損されている状態		
107	Forward Exchange		先物為替	さきものがわせ	〔対〕Spot Exchange: 直物^{じきもの}為替		
108	Free Alongside Ship	FAS	船側渡し	ふねがわわたし	インコタームズの 1 つ		
109	Fright Ton		運賃計算トン	うんちんけいさんとん	〔対〕M/W Measurement Weight: 容積 / 重量建て		
110	Fright Rate		運賃率	うんちんりつ			
111	General Average	G/A	共同海損	きょうどうかいそん	〔意〕船舶などの運行上の危険回避行動による貨物の損害の有無に関わらず、皆で共同負担すること ※原則、貨物海上保険で補償 〔対〕Particular Average: 単独海損	損害の種類→	貨物海上保険は物的損害と費用損害の 2 つに区分される 物的損害は共同海損と単独海損に、単独海損は全損と分損に分けられる

No	英語	略表記	日本語	ルビ	補足 (試験での出題ポイント)	補足 -A	補足 -B
112	General Terms and Conditions of Business		一般取引条件	いっぱんとりひきじょうけん			
113	Goveming Law		準拠法	じゅんきょほう	〔意〕契約法務用語。準拠法条項のこと。契約の有効性、解釈、履行に関し、どの国の法律を適用するかを定めた条項		
114	Gross National Product	GNP	国民総生産	こくみんそうせいさん	生産、消費、など経済活動での付加価値の総計（IMF）		（頻出）
115	Health Certificate		衛生証明書	えいせいしょうめいしょ	〔類〕Sanitary Certificate: 衛生証明書 Quarantine Certificate: 検疫証明書		
116	House Air Waybill	HAWB	混載航空運送状	こんさいこうくうんそうじょう	航空貨物の引受荷渡し証		（頻出）
117	Import Quota	IQ	輸入割当て	ゆにゅうわりあて	輸入制限制度		
118	Indemnity		補償	ほしょう	〔類〕Letter of Indemnity:L/I 補償状		
119	Initial Order		初回注文	しょかいちゅうもん			
120	Inquiry		引合い	ひきあい	〔流れ〕Proposal: 勧誘 → Inquiry: 引合い→ Offer: 申込み（Counter Offer） → Acceptance: 承諾		
121	Institute Cargo Clauses	ICC	協会貨物約款	きょうかいかもつやっかん	〔意〕貨物保険用語。貨物保険についてロンドン保険業者協会が定めた代表的な保険引き受け条件のこと		（頻出）
122	Insurance Policy	I/P	保険証券	ほけんしょうけん	Policy（明示）		（頻出）
123	Insurance Premium		保険料	ほけんりょう	〔似〕Amount Insured: 保険金額		

No	英語	略表記	日本語	ルビ	補足 (試験での出題ポイント)	補足 -A	補足 -B
124	Intermodal Transportation		複合（一貫）輸送	ふくごう（いっかん）ゆそう	〔対〕Combined Transport: 複合輸送 〔類〕Multimodal Transport		
125	Inventory		在庫（品）	ざいこ（ひん）			（頻出）
126	Invisible Trade		無形貿易	むけいぼうえき	サービス（見えない）貿易		
127	Irrevocable L/C		取消不能信用状	とりけしふのうしんようじょう	〔補〕信用状の種類 〔対〕Revocable L/C: 取消可能信用状		（頻出）
128	Issuing Bank		発行銀行	はっこうぎんこう	信用状発行銀行		
129	KEEP UPRIGHT		要縦置き	ようたておき	港湾荷捌き用語		
130	Landed Quality		陸揚品質	りくあげひんしつ			
131	Landed Quantity		陸揚数量	りくあげすうりょう			
132	Length		長さ	ながさ			
133	Letter of Indemnity	L/I	補償状	ほしょうじょう	〔類〕Indemnity: 補償 〔意〕船荷証券（B/L）に過不足 / ダメージなどのリマークの場合、銀行で輸出手形買取ができない。このため、船会社に対して、受取貨物の過不足・ダメージについてクレームをしないことを約した補償書	Foul B/L を Clean B/L へ修正	（頻出）
134	Letter of Guarantee	L/G	保証状	ほしょうじょう	〔意〕輸入の場合 : 貨物の損害を補填する旨を約束するなどの様々な保証状であり、信用を補填するために銀行が連帯保証するものは Bank L/G。荷受人のみは Single L/G。	B/L なしの貨物受取りと L/C アメンド	
135	List Price		表示価格	ひょうじかかく	〔類〕Price List		

No	英語	略表記	日本語	ルビ	補足 (試験での出題ポイント)	補足 -A	補足 -B
136	Manifest	M/F	船荷目録	ふなにもくろく	〔正式名称〕Cargo Manifest 〔意〕本船に船積みされている貨物の明細を記載した一覧表のこと		
137	Measurement		容積	ようせき	M3（エムスリー）など貿易では容積トン（ton）が運賃計算に利用される		
138	Minimum Order		最低注文量	さいていちゅうもんりょう	コンテナ化によって一定容量に取りまとめると生じる経済性の1つ		
139	Multimodal Transport		複合（一貫）輸送	ふくごう（いっかん）ゆそう	〔類〕Intermodal Transportation		
140	Negotiating Bank	N/B	買取銀行	かいとりぎんこう	〔類〕Negotiation Bank		
141	Net Weight	N/W	正味重量	しょうみじゅうりょう	関税は総容重量（梱包を含む）でなく正味		
142	Notify Party		着荷通知先	ちゃくにつうちさき	〔意〕B/L 記載の陸揚げ地による貨物の到着通知先のこと 〔他〕Consignee: 荷受人		（頻出）
143	Novelties		新案物／ノベルティ		〔意〕人目を引く / 珍しい小物 企業商品の宣伝目的の無料配布品		
144	NVOCC		利用運送事業	りよううんそうじぎょうしゃ	〔正式名称〕Non-Vessel Operating Common Carrier		（頻出）
145	Offer		申込み	もうしこみ	〔流れ〕Proposal: 勧誘 → Inquiry: 引合い→ Offer: 申込み（Counter Offer） → Acceptance: 承諾		（頻出）
146	Offer Subject to Prior Sale		先売りご免オファー	さきうりごめんおふぁー	〔類〕Offer Subject to Being Unsold		

No	英語	略表記	日本語	ルビ	補足 (試験での出題ポイント)	補足 -A	補足 -B
147	On Board Notation		船積証明	ふなづみしょうめい	〔意〕Received B/L は船への船積み前に発行となるため、積み込んだ船積証明が必要となる。その証明が On Board National となり、Shipped B/L と同等の扱いになる		
148	Open Policy		包括予定保険証券	ほうかつよていほけんしょうけん	〔似〕Open Contract: 包括予定保険特約書		（頻出）
149	Open Cover		包括予定保険	ほうかつよていほけん	〔意〕予定保険契約の一種。先に契約を締結し、後に確定保険に切り替える 〔対〕Provisional Insurance: 個別予定保険		（頻出）
150	Open Contract		包括予定保険特約書	ほうかつよていほけんとくやくしょ	積荷が確定するまでに付される貨物保険（無料）		
151	Partial Shipments		分割船積	ぶんかつふなづみ	複数のコンテナに積荷を分けること		
152	Particular Average	P/A	単独海損	たんどくかいそん	〔意〕分損損害が被保険者単独の分損のこと 〔対〕General Average: 共同海損	損害の種類→	貨物海上保険→物的損害 / 費用損害 物的損害→共同海損 / 単独海損 単独海損→全損と分損
153	Payment Terms		支払条件	しはらいじょうけん			
154	Principal		本人	ほんにん	〔対〕Agent: 代理人 〔例〕Both parties shall be Principals acting on their own account and responsibility.	〔訳〕両当事者は、自己の勘定と責任に基づき取引をおこなう本人とする	契約用語 / （頻出）

No	英語	略表記	日本語	ルビ	補足 (試験での出題ポイント)	補足 -A	補足 -B
155	Profoma Invoice	P/I	仮送り状	かりおくりじょう	〔意〕本来は見積もり用やインボイス情報の先行取得用として使われる仮の請求書のイメージでもある		
156	Promissory Note		約束手形	やくそくてがた	〔似〕Bill of Exchange: 為替手形		
157	Proposal		勧誘	かんゆう	〔流れ〕Proposal: 勧誘 → Inquiry: 引合い→ Offer: 申込み（Counter Offer) → Acceptance: 承諾		
158	Provisional Insurance		個別予定保険	こべつよていほけん	〔意〕予定保険契約の一種。先に契約を締結し、後に確定保険に切り替える。 〔対〕Open Cover: 包括予定保険		(頻出)
159	Provisional Policy		個別予定保険証券	こべつよていほけんしょうけん	〔意〕個別予定保険を組むと発行されるもの		
160	Provisional Order		仮注文	かりちゅうもん	〔補〕Provisional: 仮の、暫定的な、臨時の		
161	Quality		品質証明書	ひんしつ			
162	Quantity Discount		数量割引	すうりょうわりびき	一定数量まで取りまとめると値引きする		(頻出)
163	Receipt		領収書	りょうしゅうしょ			
164	Received B/L		受取船荷証券	うけとりふなにしょうけん	〔意〕船荷証券の１つコンテナの場合９割に実際の船積前に発行されるため On Board Notation（船積証明）が必要となる 〔対〕Shipped B/L		(頻出)
165	Reefer Container		リーファーコンテナ	りーふぁーこんてな	〔意〕冷凍輸送コンテナ。温度を一定に保つことができる 〔他〕Dry Container: 一般貨物用密閉型コンテナのこと　常温で輸送		

No	英語	略表記	日本語	ルビ	補足 (試験での出題ポイント)	補足 -A	補足 -B
166	Reference		照会	しょうかい	〔他〕Bank Reference: 銀行信用照会先 Trade Reference: 同業者照会先		
167	Release Order	R/O	航空貨物引渡指図書	こうくうかもつひきわたしさしずしょ	〔意〕航空貨物の輸入で使われている書類。L/C 決済の場合、荷受人が信用状発行銀行となり、貨物を受け取るには R/O を発行銀行より出してもらい貨物を受け取る		（頻出）
168	Remittance		送金	そうきん	（仏語）		（頻出）
169	Replace		交換する	こうかんする			
170	Replacement		代替品	だいがえひん	〔似〕Substitute: 代替品		
171	Representative		代表者	だいひょうしゃ	代理業者		
172	Restricted L/C		買取銀行指定信用状	かいとりぎんこうしていしんようじょう	〔補〕信用状の種類		（頻出）
173	Revocable L/C		取消可能信用状	とりけしかのうしんようじょう	〔補〕信用状の種類 〔対〕Irrevocable L/C: 取消不能信用状		
174	Revolving L/C		回転信用状	かいてんしんようじょう	〔補〕信用状の種類		
175	Running Stock		運転在庫	うんてんざいこ	〔意〕企業が最適な規模で生産 / 販売活動を続けるために必要とされる在庫		
176	Sale by Specification		仕様書売買	しようしょばいばい	〔補〕Specifications: 仕様書 〔意〕設計図を基にデータを明記した仕様書に青写真（BuleCopy）など添付して品質を明らかにし仕様書のみで商品を売買すること		（頻出）

No	英語	略表記	日本語	ルビ	補足 (試験での出題ポイント)	補足 -A	補足 -B
177	Sales Confirmation		販売確認書	はんばいかくにんしょ	インボイスなどに付される場合がある		
178	Section Manager		課長	かちょう	(現場実務担当者などの呼称名)		
179	Shipping Advice		船積通知	ふなづみつうち	＝船積案内		(頻出)
180	Shipping Mark		荷印	にじるし	荷送人、荷受人、仕向け地、数量、原産国などの配送表示ラベル・データ		
181	Short Shipment		積荷不足	つみにぶそく			
182	Sole Distributor		一手販売店	いってはんばいてん	〔意〕客先との売買契約の契約当事者 〔似〕Exclusive Agent: 一手代理店		
183	Space Booking		船腹予約	せんぷくよやく	〔補〕Book: ～を予約する		
184	Specifications		仕様（書）	しよう（しょ）	〔使〕Sale by Specification: 仕様書売買		
185	Straight B/L		記名式船荷証券	きめいしきふなにしょうけん	〔意〕B/L の一種　荷受人 Consignee の欄に特定人名が記載。記名された特定人しか貨物の引渡し請求権を持たないため流通性に乏しい。		〔対〕Order B/L
186	Order B/L		指図式船荷証券	さしずしきふなにしょうけん	〔意〕B/L の一種　荷受人 Consignee の欄に TO ORDER または TO ORDER OF ～となっているもの裏書（Endorsement）必要		〔対〕Straight B/L
187	Subcontractor		下請け業者	したうけぎょうしゃ	〔補〕外注先、再委託業者、協力会社		
188	Substitute		代替品	だいがえひん	〔似〕Replacement: 代替品		
189	Supplier		供給者 / 仕入れ先	きょうきゅうしゃ / しいれさき	(商社、流通業者)		

No	英語	略表記	日本語	ルビ	補足 (試験での出題ポイント)	補足 -A	補足 -B
190	Surcharge		割増料 / 割増運賃	わりましりょう / わりましうんちん	〔類〕Additionals 〔代表的な Surchage〕 CAF:Currensy Adjustment Factor ／ BAF:Bunker Adjustment Factor		（頻出）
191	Additionals		割増料 / 割増運賃	わりましりょう / わりましうんちん	〔補〕Adjustment Rate = Surchage 〔代表的な Surchage〕CAF:Currensy Adjustment Factor ／ BAF:Bunker Adjustment Factor		
192	Bunker Adjustment Factor	BAF	燃料割増料金	ねんりょうわりましりょうきん	〔補〕Surchage の代表的なもの 〔他〕CAF:Currensy Adjustment Factor: 通貨変動調整金		（頻出） 〔類〕CAF
193	Currensy Adjustment Factor	CAF	通貨変動調整金	つうかへんどうちょうせいきん	〔補〕Surchage の代表的なもの 〔他〕BAF:Bunker Adjustment Factor: 燃料割増料金		〔類〕BAF
194	Sworn Meassurer		宣誓検量人	せんせいけんりょうにん	〔意〕容積重量証明書の発行に伴い、検量業者である宣誓検量人により貨物の検量を受ける。		
195	Tariff Rate		表定運賃表	ひょうていうんちんひょう	〔補〕Tariff: 運賃率の意味と 関税などの意味があるので使用されている前後に注意		（頻出）
196	Third Party		第三者	だいさんしゃ			
197	To Order		指図人式	さしずにんしき	〔補〕Order B/L で記載される		
198	Shipped B/L		船積船荷証券	ふなづみふなにしょうけん	〔同〕On Board B/L 〔意〕貨物の場合に使用される、船積されたときに発行。在来船による場合は原則としてこれ 〔対〕Received B/L: 受取船荷証券（コンテナ用）		（頻出）

No	英語	略表記	日本語	ルビ	補足 (試験での出題ポイント)	補足 -A	補足 -B
199	Total Loss Only	TLO	全損のみ担保	ぜんそんのみたんぽ	〔意〕P/A:Particular Average: 単独海損 の被害区分け 〔対〕Partial Loss: 分損	損害の種類→	貨物海上保険→物的損害 / 費用損害 物的損害→共同海損 / 単独海損 単独海損→全損と分損
200	Partial Loss	PL	分損	ぶんそん	〔意〕P/A:Particular Average: 単独海損 の被害区分け 〔対〕Total Loss: 全損	損害の種類→	貨物海上保険→物的損害 / 費用損害 物的損害→共同海損 / 単独海損 単独海損→全損と分損
201	Trade Mark		商標	しょうひょう	〔似〕Sale by Trademark or Brand: 銘柄売買		
202	Trade Terms		貿易条件	ぼうえきじょうけん	インコタームズ、改訂米国貿易定義など		
203	Tramper		不定期船	ふていきせん	〔対〕Liner: 定期船		
204	Liner		定期船	ていきせん	〔対〕Tramper: 不定期船		
205	Transferable L/C		譲渡可能信用状	じょうとかのうしんようじょう	〔補〕信用状の種類 〔意〕1 回に限り譲渡を認めている信用状		
206	Triplicate		三部	さんぶ	〔補〕L/C 記載で記入ありS/D の部数など記載	3 枚の書類	
207	Trust Receipt	T/R	輸入担保荷物保管証	ゆにゅうたんぽにもつほかんしょう	〔意〕輸入代金未決済の輸入者が銀行へ提出する輸入貨物の借受証 AIR の場合 :AIR T/R: 輸入担保貨物保管証（丙号）【航空貨物用】となる		(頻出)
208	Unconfirmed L/C		無確認信用状	むかくにんしんようじょう	〔意〕信用状開設銀行が支払い保証をしていない信用状のこと。リスクが高いため、輸入者は確認信用状を開設するように要求し、支払保証を求めるのが一般的 〔対〕Confirmed L/C		

No	英語	略表記	日本語	ルビ	補足 （試験での出題ポイント）	補足 -A	補足 -B
209	Underwriter		保険会社	ほけんかいしゃ	〔補〕貨物海上保険で使う独特の英語		（頻出）
210	Usance Bill		期限付手形	きげんつきてがた	荷為替での手形（支払い）請求に一定の時期が猶予される手形		（頻出）
211	Use No Hooks		手鉤無用	てかぎむよう	〔意〕貨物に傷を付けるな		
212	Validity		有効期限	ゆうこうきげん			
213	Warehouse		倉庫	そうこ	（上屋）		
214	Waterproof		防水（の）	ぼうすい（の）			
215	Wholesale Price		卸売価格	おろしうりかかく	（貿易取引は一般には卸売取引）		
216	With Average	WA	分損担保／単独海損担保	ぶんそんたんぽ／たんどくかいそんたんぽ	〔意〕単独海損不担保の内容に加え、海上輸送特有の危険（海水濡れ、荒天による荷崩れなど）による分損を填補する保険条件	保険約款の基本条件	（頻出）
217	With Particular Average		単独海損付	たんどくかいそんつき	単独海損が条件付とされる		
218	Yen Appreciation Surcharge	YAS	為替サーチャージ	かわせさーちゃーじ	〔意〕円高損失補填料金。アジア関係の同盟・協定が円高対策でCAF(通貨割増料)にかえて導入した為替サーチャージ		
219	Free from Particular Average	FPA	分損不担保／単独海損不担保	ぶんそんふたんぽ／たんどくかいそんふたんぽ	〔意〕単独海損不担保条件のこと。分損不担保条件とも言う 全損と共同海損を填補するが、単独海損は特定海損を除き担保されない保険条件のこと		（頻出）
220	All Risks	AR	全危機保険	ぜんききほけん	〔意〕保険条件の中では一番広範囲の条件 日本では一般的な貨物海上保険の契約条件で、国際輸送により生じる可能性のあるすべての危険を填補する保険条件のこと		（頻出）

第４章

貿易実務知識チェック

第１節　必須知識の総復習

　本節では練習問題として貿易実務検定試験から作成した過去類題を演習します。必須知識を確認してみましょう。

　貿易実務Ｃ級　試験範囲の基礎力チェックとしてＣ級の出題区分ごとの基本事項を問題で確認します。

　＊資格試験での設問は、客観式（○×）なので、以下の貿易実務の設問文に○×チェックしてみましょう（解答は p.106 ～ 108）。

問題 1　貿易と環境

1. ワシントン条約に関する規制、その他

（1）「ワシントン条約」に基づく輸入の規制について、その全ての対象について商業輸入が禁止されている。

（2）「生物多様性条約」とは地球上の生物の多様性を包括的に保全することや、持続可能な利用を目的としたものである。

（3）「遺伝子組み換え作物」の輸入は、すべて禁止されている。

（4）「HACCP」（ハサップ）は、NASA で開発された安全衛生管理の手法で、現在は世界で食品製造のシステムとして広まっている。

（5）「絶滅の恐れのある野生動植物の種の国際取引に関する条約」（通称：ワシントン条約）は条約締結国間において保護を必要とする一定の種の動植物が過度に貿易取引に利用されることのないように締結された条約であるが、我国において、こ

の条約に掲げる動植物そのものについて輸出入を規制する。だが一方でその動植物を使用した加工品については輸出入の規制対象としていない。

(6) 象牙などワシントン条約で掲げる動植物製品は輸入してはならない貨物に相当する。

(1)	(2)	(3)	(4)	(5)	(6)

2. モントリオール議定書に関するオゾン層を破壊する物質の規制

(1) 特定フロンなどの物質の生産量、消費量を国際的に規制することを定めた「ウィーン条約」は、後に具体的な規制内容を定めた「モントリオール議定書」に発展した。

(2)「バーゼル条約」とは、オゾン層を破壊する怖れのある物質を規制することを目的としてオゾン層の保護を趣意とした国際的取り決めである。

(1)	(2)

3. バーゼル条約に関する特定有害廃棄物の規制、その他

(1)「有害廃棄物の国境を越える移動および処分の規制に関する条約」を「ワシントン条約」と呼ぶ。

(2) 消費者に対して環境により良い商品情報を提供し企業に対し環境負荷の少ない商品の開発を促すことを目的とする制度を ISO14001 と呼ぶ。

(1)	(2)

問題 2　貿易経済知識

1. GATT と WTO

(1) GATT（関税と貿易に関する一般協定）は、自由貿易の促進と、貿易摩擦の仲裁などを目的として 1948 年に設立された。

(2) WTO（世界貿易機構）は 1995 年、国際機関として設立したが、GATT の原則に基づいて設立されたため、その内容はモノに関する協定のみとなっている。

(3) NAFTA とは北大西洋自由貿易地域のことで、EU などに対抗するために、米国、カナダ、中南米を中心として関税引き下げなどの自由化を推進するためのものである。

(1)	(2)	(3)

2. 日本の貿易の現状（産業の空洞化など）

(1) 産業空洞化が進むと海外生産比率が高まる。

(2) 本邦から外国に原材料を輸出し、加工、製造を外国でおこない製品を本邦へ再輸入する方法を順委託加工貿易という。

(3) プラザ合意以後の円高により、日本ではデフレ不況が続いてきた。

(4) 貿易黒字とは、輸出額が輸入額を上回る事象である。

(1)	(2)	(3)	(4)

3. 貿易摩擦と規制緩和

(1) FTA（自由貿易協定）とは、WTO の原則の例外となる二国間条約である。

(2) 規制緩和は、消費者にとって利点があるが、産業にとっては不利である。

(1)	(2)

4. 経済圏の構築（EU、NAFTA など）

(1) APEC（アジア太平洋経済協力）は、EU、NAFTA などの地域経済統合と同様の地域間の関税の撤廃や通貨の統一をおこなう経済ブロックの確立を目ざしている。

(2) EPA（経済連携協定）は、FTA と同様に関税とサービス貿易の自由化についてのみ、2 カ国間で連携することを定めた協定である。

(3) ASEAN（東南アジア諸国連合）は開発途上国が互いに経済面に対しての協力の
みをおこなう協定である。

(1)	(2)	(3)

問題 3 貿易の流れ

1. 貿易取引のしくみの全体像の理解

(1) 我国の輸出入の輸送手段は、海上輸送または、航空輸送である。

(2) 貿易取引は、物資、サービスと対価通貨が移動するが、自由貿易の原則に従って
国家は介入しない。

(3) 貿易取引のそのほとんどが、外国為替手形を用いるが、支払い、受け取りの際の
資金移動は現金を用いる。

(1)	(2) ·	(3)

問題 4 いろいろな貿易取引

(1) 並行輸入とは、模造品を総代理店以外の者が輸入することである。

(2)「産業（企業）内貿易」とは、同一企業グループ内で部品や製品の貿易取引をお
こなうことである。

(3) 越境 EC とは、関税国境を越え、保税地域でおこなう自由電子貿易の形態の一種
である。

(1)	(2)	(3)

問題 5　信用状取引の流れ

(1) 通常、輸出者が信用状発行の依頼人となる。

(2) 信用状は輸入地の外国為替公認銀行に発行依頼すると無審査で輸入者へ発行される。

(3) 輸入金融では信用状と本邦ローンが利用される場合など、これを輸入ユーザンスという。

(4) 信用状は輸入者の支払い保証を輸入地の取引銀行が保証するドル貿易制度の1つである。

(1)	(2)	(3)	(4)

問題 6　貿易金融

1. 信用状の種類

(1) 信用状は原則、取消不能信用状として発行、利用される。

(2) 信用状は、輸出者である売主が、船積書類を整備し、外国為替手形を振り出して買取銀行が立替払いする一種の輸入金融である。

(3) 信用状に基づいて発行された船積書類と荷為替手形を買い取る輸入地の銀行を買取銀行という。

(4) 発行された信用状について、これを輸出者に伝える役割をする銀行を通知銀行という。

(5) 通知銀行の信用状発行通知を輸出者に伝える方法には、プレアドが一般的である。

(6) 信用状の支払い保証限度が、使用の度に復元され、発行から数回利用できる信用状を回転信用状という。

(7) 信用状取引で契約内容と異なる貨物が輸入されてきた場合、輸入者である買主は支払いを拒否できる。

(8) 荷為替手形の買取銀行が指定されている信用状を Open L/C というが、これに対して買取銀行が指定されていない信用状を Restricted L/C という。

(1)	(2)	(3)	(4)	(5)

(6)	(7)	(8)

2. 信用状にもとづく荷為替手形の買取り

(1) 信用状厳密一致の原則とは、売主である輸出者の船積書類、荷為替手形、その他貿易関係書類がすべて内容一致していなければ、信用状発行銀行は支払いに応じない制度趣旨をいう。

(2) 信用状発行銀行が信用状の信用度を高める目的で発行銀行の支払い確約に加えて、国際的に信用度の高い銀行の支払い確約を受けている信用状を Restricted L/C という。

(3) 信用状を変更することをアメンドメントといい、買取銀行を通じて受益者である輸出者に送られ変更通知書によっておこなわれている。

(1)	(2)	(3)

3. シッパーズユーザンス（銀行以外、商社金融などによる期限付手形決済）

(1) 輸入地の銀行に代わって、主に貿易商社などが輸入者の支払い信用保証をおこなう事をシッパーズユーザンス（支払い猶予）という。

(2) 輸出入国間の銀行制度や金融事情が異なる場合などに、売主、仲介業者が支払いを保証しておこなう取引にもシッパーズユーザンスは利用される。

(3) シッパーズユーザンスの代表的な例に商社金融と呼ばれる方法がある。

(1)	(2)	(3)

4. 本邦ローン

(1) 本邦ローンとは、主に輸入地の信用状発行銀行などの銀行が、国内で販売する際の事業ローンの一種であり、銀行へ輸入者が担保貨物保証状（T/R）、約束手形な

どを打ち入れさせるのが一般的である。

(2) 本邦ローンを受けるには輸入者は銀行の貨物を借り受けるために担保として約束手形と L/G（保証状）を銀行へ差し入れる。

(3) 本邦ローンの一種に、国内での加工、製造、販売のために、円貨建てでおこなう方式を円貨による跳ね返り金融と呼ぶ。

(1)	(2)	(3)

問題 7　貿易書類と手続き（重要）

1. コンテナ船の貨物の積み卸し（CY、CFS、FCL、LCL）

(1) コンテナ船による運送契約では、船積式 B/L が発行される。

(2) FCL 貨物は、CY でバンニングされ、LCL 貨物は CFS で合積、LCL 積荷として CY でバンニングされる。

(3) FCL 貨物では、受け取り式船荷証券に「shipper's Load」「said to contain」と記載されていれば、クリーン B/L として扱われる。

(4) 船積書類の代表的 3 種は「信用状」「船荷証券」「保険証券」である。

(1)	(2)	(3)

2. 在来船の貨物の積み卸し

(1) 定期船のスペースブッキング（船腹予約）は、一般に口頭でおこなわれる。

(2) 在来船の船積みが完了すると船会社から船積式船荷証券が発行される。

(3) 在来船の船積みが完了すると、積み主に、本船の一等航海士がメイトレシートを発行する。

(1)	(2)	(3)

3. 航空貨物の積み卸し

(1) 航空運送状（AWB）は航空輸送契約において荷主から貨物を受領した事を証する証拠書類であるが有価証券ではないので航空貨物の受領に際して航空運送状は要しない。

(2) 航空貨物代理店は航空会社との間で集荷運送引受、運送状の発行などの業務をおこなう。

(3) 小口貨物を在来船に積み込む場合で、貨物を船会社が指定した上屋（港湾倉庫）まで持ち込み、船会社が他の貨物とまとめて船に積み込む方法を自家積みという。

(4) インタクト輸送とは空港に到着した輸入貨物の ULD を解体せずに、そのまま空港外のフォワーダーの貨物施設まで輸送することを言う。

(5) 航空機により到着した輸入貨物を引き取る場合、必ず航空貨物受取証（航空運送状）が必要となる。

(6) 信用状に基づく航空貨物取引で、その AWB の受取人は、原則として輸入者である。

(1)	(2)	(3)	(4)	(5)	(6)

4. 各種船積書類の作成（重要）

(1) 包装明細書は、船積みの際の運賃計算の基礎となる重量、容積、また関税納付に係わる従量税の計算の基礎にも用いられる。

(2) インボイスに記載される商品の名称は、信用状に記載された名称と同一でなければならない。

(3) 船荷証券に記載される商品名は、信用状の記載商品名でなく、一般的な名称で良い。

(4) 保険証券は、インコタームズの条件によっては、売主は用意しなくても良い。

(5) 船積書類は、輸出入通関時までに全て整備していなくてはならない。

(1)	(2)	(3)	(4)	(5)

問題 8　運送書類の知識（重要）

(1) 在来船（貨物船　非コンテナ船）により貨物を輸出する場合において、船会社に対して貨物が本船に積み込まれたことを証明し、船荷証券と引換にもらえる書類をドックレシートという。

(2) 国際複合輸送において、我国の利用運送事業者（NVOCC）が発行する複合運送証券は、船積式である。

(3) 輸入者が銀行に AIR　T/R を差し入れてリリースオーダーの発行を受けた場合には銀行は航空会社に対して補償義務を負う。

(4) 船荷証券における商品名の記述は、信用状の記述と完全に一致していなければならない。

(5) 国際複合運送途上において我国の業者が発行する複合運送証券では、運送人の責任原則においてはネットワーク・ライアビリティを採用している。

(6) 複合運送証券におけるネットワーク・ライアビリティ（異種責任組み合わせ）とは、事故の発生区間において適用される国際条約などに準拠して運送人の責任が決まることをいい、事故発生区間不明の場合は陸上運送中に発生したものとして扱う。

(7) 輸入貨物において LCL 貨物の場合、船会社よりコンテナを借り受けて自社倉庫などに貨物を搬入後、船会社に空コンテナを返却するが、一定の貸出期間を過ぎた場合は DEMURRAGE（延滞料）が課せられる。

(1)	(2)	(3)	(4)	(5)

(6)	(7)

問題 9　輸出手続の手順と書類

(1) 単一の運送人と輸出国の内陸地から輸入国の内陸地までの運送契約を結ぶこともできる。

(2) 航空貨物輸送における混載業者は個々の荷受人に対してハウスエアウェイビルを発行する。

(3) NVOCC（利用運送事業者）が発行する有価証券は複合運送証券である。

(4) 船積案内（SHIPPING ADVICE）は運送人が、輸入者に対しておこなう。

(1)	(2)	(3)	(4)

問題 10　輸入手続の手順と書類

(1) 輸入貨物の品質が契約条件と異なっている場合は、保険会社にクレーム提起する。

(2) 外国為替および外国貿易法による輸出入承認が必要な場合は、通関手続きの後に取得する。

(3) 輸入許可を受けたコンテナ貨物の引渡しの際に作成されるのが、貨物の状態を記録したデバンニングレポートである。

(1)	(2)	(3)

問題 11　貿易法務

1. 契約締結までの取引交渉

(1) 売主が取引条件に最終確認条件を付した申込みを、確認条件付き申込みと呼ぶ。

(2) 売主の申込みに対して、買主が条件変更を要求して申込みし返す場合をカウンターオファーと呼ぶ。

(3) 申込みに際して、回答に期限を設定した条件の付いたものを確定申込みと呼ぶ。

(4) 売主の申込みと買主の承諾があれば、一般的に口頭でも契約が成立するが、契約書面を相互に交わし署名するのが慣例となっている。

(5) 貿易取引では、古くから英米契約法と慣習が普及しており、代表的なものに米国統一商法典、ウィーン売買統一基準などがある。

(1)	(2)	(3)	(4)	(5)

2.　売買契約書

(1) 貿易売買契約では、一般に英語のドキュメントが利用される。

(2) 貿易売買契約書は、売主、買主のいずれかが原文を作成するが、その内容は作成者に有利になりがちなので紛争（書式争い）発生には十分な配慮が必要である。

(3) 貿易売買契約では、紛争防止のためにクレーム条項を付けるが、クレーム解決には商事仲裁が利用されることが多い。

(1)	(2)	(3)

3.　各種取引条件

(1) 一定の地域での営業活動を一手に引き受ける特別権限を持つ代理店を一手販売店と呼ぶ。

(2) インコタームズは貿易取引で必ず利用しなくてはならない。

(1)	(2)

4.　他法令に基づく許認可の取得（特に外為法）

(1) 麻薬、拳銃など輸入してはならない貨物は政府が輸入するものなどが除かれることから絶対的な規制である。

(2) 海外への多額の日本円の持ち出しは規制される場合がある。

(1)	(2)

5.　インコタームズにおける輸出入者の責任範囲

(1) インコタームズ 2020 では、11 種類の貿易条件解釈基準が定められている。

(2) FOB 条件での貨物の危険負担は、輸出港での船積み時に輸入者へ引き渡されたと解される。

(3) インボイス価格は、税関での課税金額になるが、日本の場合、輸入関税ではインコタームズの CIF、CIP が利用される場合が多い。

(4) 貿易取引では、その全てにインコタームズを利用しなくてはならない。

(1)	(2)	(3)	(4)

6. 信用状と船積書類（重要）

(1) 信用状は、輸出者が自分の取引銀行へ開設を依頼する。

(2) 信用状取引に基づく航空貨物の場合、そのエアーウェイビルの荷受人は、原則として輸入者である。

(3) 信用状の内容は、輸出者に宛てて、信用状発行銀行が輸入者の信用保証し、その支払いを売主の船積み書類の整備と荷為替手形の振出しを用いておこなうものである。

(4) 船積書類は、主要書類3種と付属書類に分類されるが、特に船荷証券は有価証券であり重要である。

(5) 貿易取引は、商品を有価証券などの証券に化体した証券取引の一面があり、これを象徴的取引と呼んでいる。

(1)	(2)	(3)	(4)	(5)

問題 12　通関知識

1. 輸出入申告の方法・内容

(1) 麻薬、拳銃などの輸入してはならない貨物は政府が輸入するものは除かれることから絶対的な規制である。

(2) インボイスの価格が、そのまま税関での課税価格となる。

(3) 見本などの無償の貨物は、納付すべき関税も無税である。

(4) 通関業者に輸入の通関手続きを依頼する場合は、原則として仕入れ書の提出が必要である。

(5) 輸出申告価格は、インコタームズによる CIF 価格である。

(6) 少額輸入貨物に対する簡易税率は、課税価格 20 万円以下の携行品、別送品以外の貨物に適用される。

(1)	(2)	(3)	(4)	(5)	(6)

2. 貿易管理制度（輸出入に係る許認可）

(1) インボイス（仕入れ書）における商品名の記載は、信用状と完全に一致していなくてはならない。

(2) 関税関係法令以外の法令に基づく検査に合格している貨物を輸出する場合には税関の検査は免除される。

(3) 輸出申告は輸出貨物の積載予定船が、本邦の港に入港する前でもおこなうことができる。

(4) 貨物を輸入する場合、原則として貨物を保税地域に搬入した後に輸入申告しなくてはならない。

(5) 輸入にさいして外為法により経済産業大臣の承認が必要な貨物は、事前にその承認を取得し輸入申告の際にその取得を税関長に証明しなくてはならない。

(6) 輸出申告の撤回は輸出許可前に限り認められている。

(1)	(2)	(3)	(4)	(5)	(6)

3. 関税制度（税率の種類、保税の知識、減免税制度、特恵関税など）

(1) 外国から大阪港に到着した貨物を、神戸税関で通関する場合、大阪港から神戸港へ貨物輸送する際に税関長へ保税運送の申請と承認を受ける必要がある。

(2) 日本の保税地域の形態は5種類である。

(3) 特定物品の輸入について無税または低税率である一次税率と高税率である二次税率との2つの税率を設け、消費者保護と国内産業保護のバランスを図ろうとする制度を輸入割り当て制度と呼ぶ。

(4) 協定税率および特恵税率の適用を受けようとする貨物に係わる仕入れ書（インボイス　送り状）には、当該貨物の原産地を記載しなければならない。

(5) 特殊関税制度とは、例外的にダンピングを黙認したり、輸出補助金の額を免税したり通常より低い関税率、または無税で輸入できる制度である。

(1)	(2)	(3)	(4)	(5)

問題 13 貨物海上保険と貿易保険

1. 貨物海上保険（予定保険と確定保険、基本条件など）

(1) A/R 条件でも、戦争、反乱、ストライキ、暴動はカバー（補償）されないので、特約が必要な場合もある。

(2) 貨物海上保険の保険金額は、特に契約書に別段の取り決めが無い場合は、FOB 価格の 110％である。

(3) 保険金額は売買契約で特に定めの無い限り、インコタームズおよび信用状統一規則で、CIF、または CIP 価格に輸入者の希望利益 10％を加算した金額と定められている。

(4) 保険証券における商品名の記載は信用状の記載と完全に一致しなくても良い。

(1)	(2)	(3)	(4)

2. 貿易保険（輸出手形保険）

(1) 輸出手形保険では保険料を負担するのは買取銀行である。

(2) 一般法人日本貿易保険が貿易保険の引受基準として用いる「海外商社名簿」には格付けが掲載され、この格付けは海外バイヤーの信用照会の目安となる。

(3) 取引相手国の政府が支払い不能となり、代金決済ができなくなった場合は信用危険と呼び、貿易保険求償の対象となる。

(1)	(2)	(3)

3. PL 保険（輸出用、国内輸入用）

(1) 日本の保険会社が輸出貨物用に引き受ける PL 保険は、日本文の保険証券が発行される。

(2) 国内 PL 保険の保険期間は原則として 1 年であり、通常、保険契約の継続が必要
となる。

(1)	(2)

問題 14　外国為替

1.　外国為替とは？

(1) 外国為替取り扱い銀行が外国銀行と為替取引をおこなうために業務上の条件をあ
らかじめ定めたものをコルレス契約という。

(2) 輸入代金を海外送金でおこなう場合で、銀行に海外の銀行を支払い人とする小切
手を振り出してもらい、これを輸出者に送付する方法を M/T（Mail Transfer）と
いう。

(3) 円高傾向が進むと、一般に輸出取引は増加し、日本の輸出企業の国際競争力は高
まる。

(4) 外国為替相場には顧客が銀行に外貨を売る「売り相場」と外貨を銀行から買う
「買い相場」という分類の仕方がある。

(1)	(2)	(3)	(4)

2.　外国との決済手段

(1) 貿易取引の代金決済で、送金は逆為替である。

(2) 貿易取引で一般的な荷為替手形決済取引は、並為替方式である。

(3) D/A 手形とは、支払い時書類渡しのことで、輸入者が代金を支払うことと引き換
えに銀行が貨物の引取りに必要な船積み書類を引き渡すことを言う。

(4) 外国為替とは、現金の移動を伴うことなしに資金移動を指図によって海外と資金
のやりとりをすることである。

(5) 信用状なしの取引の場合で、輸出者の振り出した荷為替手形が一覧式手形の場
合、輸出者の取引銀行は原則として手形の買取に応じる。

(1)	(2)	(3)	(4)	(5)

3. 為替変動リスクと回避

（1）為替変動リスクを回避するためには、実際の為替変動とは無関係に一定の相場を適用する事を予約することが適切である。これを先物相場という。

（2）貿易における為替変動リスクを回避するために通貨オプションを利用することがある。

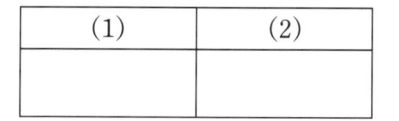

(1)	(2)

4. 外国為替相場（種類、手形の買取相場・決済相場、先物相場）

（1）外国為替相場とは、海外の異なる通貨の交換比率のことをいう。

（2）輸出者の振り出したドル建て荷為替手形を銀行が買い取る場合の相場は、売り相場である。

（3）日本の輸入者が商品代金を海外へドル送金で支払う場合、銀行が扱う相場は、売り相場である。

（4）輸入代金を海外送金で支払う場合、銀行に海外の銀行を支払い人とする小切手を振り出してもらい、これを輸出者に送付する方法をD/Dと呼ぶ。

（5）貿易決済方法で、輸入者から輸出者へ代金を送る方法に並為替がある。このうち郵便局に送金手続きを依頼する方法を郵便送金為替という。

(1)	(2)	(3)	(4)	(5)

問題 15 マーケティング知識

1. 市場調査

（1）消費者に対し環境に良い商品情報を提供し、企業に対しては環境負荷の少ない商品の開発を促す目的とする制度にISO14001がある。

(2) マーケティングとは、市場を創造し、成長させ、それを維持させていくことである。

(3) 貿易取引のためのマーケティングは、取引先の信用調査、および商品の市場調査のみを目的とする。

(4) マーケティング・ミックス（4P）とは、商品の市場での価値や競合企業の方針に適した形で適用されなくてはならない。

(5) 近年、マーケット市場は、世界的に同質化しているために、それぞれの国や地域において世界共通の標準化と地域的な多様化を同時に追求し、成立させる必要がある。

(1)	(2)	(3)	(4)	(5)

2. 取引先の発見

(1) 一定の地域で営業活動を独占的に営業する本人を一手販売店と呼ぶ。

(2) 電子商取引において企業間の電子商取引を B to B EC 取引という。

(3) 信用調査における 3C of Credit 以外にも Condition（企業環境）、Collateral（担保能力）も重要な調査項目である。

(4) 近年、自由貿易が主流となっているため、各国、各市場独自の貿易政策が輸出入の動向に影響を及ぼすことは極めて少ない。

(1)	(2)	(3)	(4)

3. 信用調査

(1) 信用調査は貿易取引において不可欠な要件のため、国内外の貿易関係機関にその進め方は定められている。

(2) 信用調査は、銀行または商業興信所のいずれかに依頼しなければおこなうことはできない。

(1)	(2)

解　答

問題 1

1. (1) ×　例外もある　(2) ○　COP26 など　(3) ×　バイオ 3 種は可　(4) ○
   (5) ×　加工品も含む　(6) ○
2. (1) ○　(2) ×　モントリオール議定書のことです。
3. (1) ×　バーゼル条約です。　(2) ○

問題 2

1. (1) ○　(2) ×　サービスが主目的、有形財貿易は GATT を含んで継承　(3) ○
2. (1) ○　(2) ×　逆委託になります。　(3) ○　(4) ○
3. (1) ○　(2) ×　規制緩和は消費者、産業にとって両者に好ましいとするスローガンです。
4. (1) ○　TPP（環太平洋パートナーシップ協定）も APEC の下で展開されている。
   (2) ×　EPA は文化、教育を含む日本版 FTA
   (3) ×　文化、教育ほか他分野に及ぶ経済協力

問題 3

1. (1) ○　外為法で陸運（橋脚、隧道）での貿易取引は規制　(2) ×　税関、行政は介入する。
   (3) ×　現金でなく指図（Order）でおこなう。

問題 4　(1) ×　真正品　(2) ○　(3) ○

問題 5　(1) ×　輸入者（依頼人）　(2) ×　(3) ○　(4) ○

問題 6

1. (1) ○　(2) ○　(3) ○　(4) ○　(5) ○　プレリミナリーケーブルアドバイスの略号がプレアド　(6) ○　(7) ×　信用状取引は当事者全員合意がない限りは取り消せません。　(8) ×　指定されている Closed/Special、指定されていない Open（Unrestricted）
2. (1) ○　(2) ×　確認信用状 Confirmed L/C　(3) ○　アメンドには保証状で修正（L/G ネゴ）、電報で修正（ケーブルネゴ）などもあります。
3. (1) ○　(2) ○　(3) ○　商社金融は、IT 化により様々な貿易金融サービスが利用されるようになっています。

4. （1）○　（2）○　本邦ローンは信用状と併せた国外内での事業ローンです。
（3）○

問題 7

1. （1）×　受取り式になります。　（2）○　（3）○　（4）信用状⇒インボイス
2. （1）○　船会社の専用回線　（2）○　（3）○　コンテナ貨物では Dock Receipt
3. （1）○　（2）○　（3）×　総積み　（4）○　（5）×　（6）×　輸入者（×）⇒
信用状発行銀行（扱い）とされます。
4. （1）○　（2）○　（3）○　販売目的に合わせて広く容認された表現で良いとされ
ます。(4)○　FOB、CFR、FCA、CPT などの場合　（5）○

問題 8　（1）○　（2）×　海上運送状（Sea Waybill）など仮受（Received）になる。
（3）×　補償ほか、義務はありません。　（4）×　一般的名称で可　（5）○　原
則、輸送中の事故などは海運会社が責任を持ちます。　（6）×　陸上⇒海運途中
（7）○

問題 9　（1）○　（2）○　HAWB　（3）○　（4）×　売主（輸出者）が通知する。

問題 10　（1）×　貿易では保険会社は原則、輸送リスクを負担し、商品については
売主、買主間で、または貿易保険で対応します。　（2）×　通関申告はすべての
手続きが完了しないと受け付けません。　（3）○

問題 11

1. （1）○　（2）○　（3）○　（4）○　（5）○　米国統一商法典は州際取引の連邦法
で、このロジックが貿易取引に援用されました。後にこれを元に国連がウィーン
売買統一基準（条約）を批准して国際間で利用されています。
2. （1）○　これを FORUM と呼称します。　（2）○　（3）○
3. （1）○　（2）×　米国は改訂米国貿易定義を用いている。
4. （1）×　絶対×　⇒相対○　（2）○　承認によって可となる場合もある。
5. （1）○　（2）○　（3）○　（4）×　個別対応で良い。
6. （1）×　輸入者　（2）×　信用状発行銀行扱いとなります。　（3）○　（4）○
（5）○

問題 12

1. （1）×　相対的規制　（2）×　ケースバイケースで判断されます。　（3）×　税

関は独自の見立て判断をします。　（4）○　仕入れ書＝インボイス　その他、船積み指図書など

（5）×　輸出の場合はFOB、FCAです。　（6）○　法改正あり

2. （1）○　前述、インボイスのみ商品名は信用状表記と一致が要件です。　（2）×「関税関係法令以外の法令」とは、主に関税は財務省、商品サービスは経産省の管轄なので、関税法の与（くみ）しない商品サービス取引を指します。税関は独自独立した権限を有しています。　（3）○　輸出奨励策の1つでAEO制度でも扱います。　（4）○　（5）○　（6）○　以前は申告がペーパーベースでしたが、IT化されNACCSでは申告後修正が可能です。

3. （1）○　（2）○　（3）×　関税割当て制度　（4）○　（5）×　安売り輸出を規制、禁止する制度です。

問題 13

1. （1）○　（2）×　FOB　⇒　CIF、CIP　（3）○　（4）○

2. （1）×　保険料は売主負担　（2）○　（3）×　信用危険×　⇒　非常に危険○

3. （1）×　輸出、輸入貨物など貿易商品のPL法、保険求償、補償はすべて英文契約でおこなわれます。　（2）○　国内PL保険では、内生品が主で、サービスも含みます。

問題 14

1. （1）○　（2）×　D/D　Demand Draft 銀行送金小切手　（3）×　円高でデフレとなり海外で売れなくなり輸出困難になります。　（4）×　銀行が顧客に売る（売り相場）、顧客から買う（買い相場）となります。

2. （1）×　並為替（なみがわせ）　（2）×　逆為替　（3）×　D/P　（4）○

（5）×　信用状のない場合は、原則として取立て式となる。

3. （1）○　貿易は送金によるもの（D/D　Demand Draft: 銀行送金小切手）を含め原則、先物為替取引です。　（2）○

4. （1）○　（2）×　買相場　（3）○　前掲　（4）○　（5）○

問題 15

1. （1）○　（2）○　（3）×　「のみ」ではなく広く情報を収集する。　（4）○

（5）○　グローバル化 / ローカル化の両立・統合

2. （1）○　（2）○　（3）○　（4）×

3. （1）○　（2）×

※以上、一般的な通例に基づく解答例を掲げました。

第2節　基本ドキュメントの確認

以下、貿易取引実務で重要なドキュメントの確認です。

　貿易取引実務は、取引の契約、商品引渡し、代金決済の3要素について、すべて書類ドキュメントに象徴して、書類売買（証券取引）で取引します。商品（財貨、サービス）をドキュメントと切り離して、取引をおこなうことで、世界各地に存在する商品を、貿易書類を使って広範囲に流通させて商機を拡大します。例えば、日本で製造された自動車を世界に輸出販売する場合、ドキュメントが先行して交わされ、海外のバイヤー間で売買がおこなわれます。

　貿易書類ドキュメントは、世界で共通の書式を用い、国際間で認証（利用を国際間で認め合う）ことで信用（取引の確実性、正確性、担保力など）が保証されます。

　ドキュメントは、世界共通のフォーマットで、どの国でも信用保証されているので、安心して取引できます。

　貿易取引実務は、このような商品の実体をドキュメントに集約して取引するため、ドキュメントの知識と理解が貿易取引実務の主な内容となっています。

　ここでは、各取引段階（契約、引渡し、支払い決済）で基本ドキュメント6種を確認しましょう。

貿易実務の基本ドキュメント6種

1. 契約段階　　　　：契約書（Sales Contract、Purchase Order）
2. 引渡し段階　　　：インボイス（送り状）、船荷証券、保険証券
3. 支払い決済段階：信用状、荷為替手形

　この中で、最も重要なのが船積書類（Shipping Documents）と呼ばれる以下、3種のドキュメントです。

　　①インボイス（Invoice）　I/V

　　②船荷証券（Bill of Lading）　B/L

　　③保険証券（Insurance Policy）　I/P

　この3種をまとめて船積書類と呼称し、これらと外国為替手形（Bill of Exchange）で

最終決済をおこないます（荷為替手形決済のシステム）。

　以上、貿易ドキュメントは、ほぼ全商品貿易に用いられ、貿易実務検定®の重要な出題範囲となっています。

　貿易取引実務で重要な6種類のドキュメントを確認しておきましょう。

基本6種の貿易書類

①売買契約書　　　　　　　　：売主・買主の売買合意書で取引取決め内容を明示
②信用状　　　　　　　　　　：売主に宛てた銀行の買主への信用供与書
③インボイス（送り状・仕入書）：取引内容と価格、手数料、料金などが明示される
④船荷証券・航空運送状 AWB　：船積み商品を船会社が預かり引渡しを約す書類
⑤貨物海上保険証券　　　　　：貨物に付保された保険約款の証明書
⑥荷為替手形　　　　　　　　：船積書類と共に売主が買主に宛てた支払い請求書

＝書類上の当事者表記＝

ドキュメント	売主	買主	特徴とポイント
売買契約書 Sales Contract	Seller	Buyer	買主からは注文書、その場合、売主側は注文請書
信用状 Letterof Credit	Beneficitary 受益者	Applicant 発行依頼人	売主に宛てた銀行の与信保証
インボイス Invoice	Seller	Buyer	税関では関税課税と輸出入審査
船荷証券 Billof Lading 航空運送状 Air Waybill/Air Way Bill	Shipper 荷送人	Consignee 荷受人	裏書（多くの場合、白地裏書）で有価証券 B/L の譲渡が可能
貨物海上保険証券 Insurance Policy	Assured 被保険者	Assured 被保険者	付保証明で貿易条件によって約定者が異なる。
荷為替手形 Documentary Bill of Exchange	Drawer 振出人	Drawee 名宛人	手形請求金の受取人は買取銀行

ドキュメントはすべて A4 サイズで作成され、原則は1案件1葉主義(One letter、One matter)

1. 売買契約書：売主・買主の売買合意書で取引取り決め内容が明示

ドキュメント（例：東京商工会議所より提供）

```
                    SALES CONTRACT
              ① We, as Seller, confirm having sold to the
                 buyer named below the following goods on
                 the terms and   conditions set forth here
                 under and on the back hereof.
    MESSRS. (Buyer) ②        CONTRACT NO. ③ DATE ④

    ITEM NO.   DESCRIPTION OF GOODS ⑤ QUANTITY⑥ UNIT PRICE  TOTAL AMOUNT ⑧
                               TRADE TERMS              ⑦
                                   ⑨




    Description of goods in the letter of credit should be as follows : ⑩

    SHIPMENT By Ocean vessel/Aircraft/Sea mail.    FREIGHT Prepaid/Collect.
                                         Air
              ⑪ In case of FOB contract, freight space shall be arranged by
                 Buyer/Seller.
                 Port of shipment        Port of discharge
                 Partial shipments Allowed/Not allowed. Transhipment Allowed/
                 Not allowed.
                 Time of shipment

    MARKING ⑫             PACKING ⑬

    PAYMENT TERMS ⑭

    INSURANCE   To be covered by Buyer / Seller. Insured amount
              ⑮ Conditions
    OTHER TERMS AND CONDITIONS

       ACCEPTED BY (BUYER)          (SELLER)


                        ⑯
    _____  _____
    On  date    ,20～
    PLEASE SIGN AND RETURN ONE COPY
```

【解説／作成要領】

＜用途＞

売買契約は口頭にても成立するが、事後の紛争予防のため、相互に一定の書式を定め、署名し、債権債務関係の確定をおこなう。貿易取引のほとんどは諸成双務要式契約形式を採る。一般的取引条件協定（本契約書の裏面に印刷される）と共に売買契約が締結さ

れることになる。

＜作成・読解＞

一般には輸出の場合は、輸出者（売主）が作成、輸入の場合は、輸入者（買主）が注文書（売買契約書）を作成するが、印紙税の関係（締結地税法）から、どちらの側が作成するかは相互の取決めによることもある。

日付、契約番号、契約当事者の氏名、署名、契約成立の確認文言、数量、明細、単価等について取決めをする。

尚、契約書は同一文面の書式を2通用意し、売主が先に署名し2通を買主へ送付、買主はそのうち署名後1通を売主へ返送する。

＜文書のチェックポイント＞

以下の項目について確認する。

①契約文言

②契約宛名買主名

③契約番号

④日付

⑤商品明細

⑥数量

⑦単価

⑧金額

⑨商標

⑩信用状記載事項との関連

⑪船積条件

⑫荷印条件

⑬包装条件

⑭支払条件

⑮保険条件

⑯署名

尚、署名については公証人認証、商工会議所や在日領事館のサイン証明等が求められる場合がある。

また、契約締結30日以内に公正取引委員会経済部国際課へ売買契約書を提出する場合がある。

2. 信用状：売主に宛てた銀行の買主への信用供与書

```
         ①THE X Y Z BANK, LIMITED
CABLE ADDRESS      OPERATIONS CENTER. INTERNATIONAL BUSINESS
XYZ BANK TOKYO           ADMINISTRATION DIVISION
TELEX: J○○○○××
      J○○○○××     ○-×, YURAKUCHO 1-CHOME. CHIYODA-KU, TOKYO ICO, JAPAN
      J○×××××
  ㉔   PROVISIONS APPLICABLE TO THIS CREDIT
      "Subject to Uniform Customs and Practice for Documentary Credits
      (1976 Revision), International Chamber of Commerce Publication No. ×××"
                                    CREDIT NUMBER        DATE OF ISSUE
  ㉗                              ②                   ③
      IRREVOCABLE DOCUMENTARY CREDIT    000004/011/001      OCT. 08 2022

ADVISING BANK  ④  DEF BANK IN DALLAS, DALLAS, TEXAS,    EXPIRY DATE OF CREDIT
                                                        ㉑  JAN. 08 2022
      U.S.A.                                            LATEST DATE FOR SHIPMENT
                                                        ⑳  DEC. 29 2022

BENEFICIARY  ⑤  DALLAS LINCOLN-MERCURY INC. ××××× E NORTHWEST HIGHWAY,
DALLAS, TEXAS ○○×××, U.S.A.
ACCOUNTEE     ⑥   ABC CO.,LTD., 6-4, NISHI-SHINBASHI, MINATO-KU, TOKYO

AMOUNT FOR A SUM OR SUMS NOT EXCEEDING A TOTAL OF
   ⑦    US$15,000.00 (Say US DOLLARS Fifteen Thousand ONLY)

DEAR SIRS,
   ⑧   WE HEREBY ISSUE THIS CREDIT IN YOUR FAVOR WHICH IS AVAILABLE BY YOUR DRAFTS
AT   SIGHT                        IN DUPLICATE FOR 100% OF THE INVOICE VALUE DRAWN ON
   ⑨   DEF BANK IN DALLAS, DALLAS, TEXAS, U.S.A.

TO BE ACCOMPANIED BY THE FOLLOWING DOCUMENTS MARKED WITH "X"
  ⑩ COMMERCIAL INVOICE, DULY SIGNED, IN   4    COPIES, INDICATING IMPORT LICENSE/DECLARATION NO(S)
     ID(9)L(1)-0820×
  ⑪ THREE ORIGINALS OF CLEAN ON BOARD OCEAN BILLS OF LADING MADE OUT TO
     ORDER AND BLANK ENDORSED
     MARKED "FREIGHT PREPAID                    ". NOTIFY   ACCOUNTEE
  ⑫
     MARINE INSURANCE POLICY OR CERTIFICATE, IN DUPLICATE, ENDORSED IN BLANK FOR   110  % OF THE
     INVOICE VALUE, STIPULATING CLAIMS, IF ANY, TO BE PAYABLE IN JAPAN IN CURRENCY OF THE DRAFTS
     INSURANCE MUST INCLUDE   INSTITUTE CARGO CLAUSES ALL RISKS.
  ⑬ PACKING LIST IN 1 COPIES.
  ⑭ COVERING AUTO PARTS. C.I.F. YOKOHAMA.
     SHIPMENT FROM U.S. PORT TO YOKOHAMA.
  ⑱ PARTIAL SHIPMENTS ARE PERMITTED. TRANSSHIPMENT IS PROHIBITED.
     ALL DOCUMENTS MUST BE FORWARDED TO US BY TWO AIRMAILS.

  ㉕ In settlement of your payment effected under this credit, please
     charge our account with you under airmail advice to us
     All documents must be forwarded to us by two airmails.

  ㉒
     THE DOCUMENTS MUST BE PRESENTED WITHIN 10 DAYS AFTER SHIPMENT

     ALL DRAFTS DRAWN HEREUNDER MUST INDICATE THE CREDIT    YOURS VERY TRULY      00000×
     NUMBER AND DATE OF ISSUE AND NAME OF ISSUING BANK. THE  FOR THE XYZ BANK, LIMITED  002804×
     AMOUNT OF ANY DRAFT DRAWN UNDER THIS CREDIT MUST BE                        0613×
     ENDORSED ON THE REVERSE HEREOF BY THE NEGOTIATING BANK                     0613×
  ㉓ WE ENGAGE WITH THE DRAWERS, ENDORSERS AND DONA FIDE  ㉖                0.750×
     HOLDERS OF DRAFTS DRAWN UNDER AND IN COMPLIANCE WITH THE               STAMP ¥100
     TERMS OF THE CREDIT THAT THE SAME SHALL BE DULY HONORED ON
     DUE PRESENTATION AND DELIVERY OF DOCUMENTS TO THE DRAWEE  AUTHORIZED SIGNATURE  Nakamura
```

【解説／作成要領】

<用途>

　信用状は、買主の支払能力を示し、発行銀行がこれを保証する形で発行される銀行の連帯保証状である。一定の金額、取引に対し銀行が買主の能力を審査した上で、売主（受益者）に示され、売主はこれを担保にして代金請求のために外国為替手形を振り出

す。その意味で信用状は決済面で非常に重要な書類になる。また、信用状の記載事項は、商業送り状、保険証券、船荷証券及び為替手形文言にも関連するため、必ず確認することが必要であり、これらを総称して信用状の確認事項といわれている。

＜作成・読解＞

記載事項は信用状統一規則の中に規定がある。以下に確認事項をまとめ、掲げる。

＜文書のチェックポイント＞

① 信用状発行銀行：The ＸＹＺ Bank, Limited Opereation Center, International Business Administration Division, Tokyo

② 信用状番号：000004/011/001

③ 信用状発行日：October 8, 2022

④ 通知銀行：First National Bank in Dallas, Dallas, Texas, U. S. A

⑤ 受益者名：Dallas Lincoln-Mercury Inc. ×××× E Northwest Highway, Dallas, Texas ○○ ×××

⑥ 発行依頼人：ABC & Co. Ltd., 6-4, Nishi-Shinbashi, Minato-ku, Tokyo

⑦ 信用状金額（使用限度額）：US＄15,000.－

⑧ 手形期限：At Sight

⑨ 手形名宛人（支払人）：First National Bank Dallas, Dallas

⑩ 商業送り状：Commercial Invoice（4 Copies）

⑪ 船荷証券：Bills of Lading（Three Originals）

⑫ 保険証券：Insurance Policy（Duplicate）

⑬ その他必要書類 :Packing List（4 Copies）

⑭ 商品名：Auto Parts

⑮ 建値：C. I. F. Yokohama

⑯ 船積港：U. S. Port

⑰ 仕向港：Yokohama

⑱ 分割船積み（この場合、許容）：Partial shipments are permitted.

⑲ 積換船積み（この場合、禁止）：Transshipment is prohibited.

⑳ 船積期限：December 29, 2022

㉑ 信用状期限：January 8, 2022

㉒ 船積書類呈示期限：Within 10 days after shipment

㉓ 発行銀行の確約文書：We engage with the drawers…………

㉔ 信用状統一規則文言：Provisions applicable to this credit…………

㉕ 通知（買取）銀行あて特別指図文書：In settlement of your payment…

㉖ 発行銀行責任者署名：I. Nakamura

㉗ "Irrevocable"：取消不能の表示

3. インボイス（送り状・仕入書）：取引内容と価格、手数料、料金など請求内容の明示

```
                        I N V O I C E

Sold to : ①National Buying Company    No.:   ② NBC-5
Address: 10 Third Ave.,New York,N Y USA  Date:   ③ July 5,
                                              ④
Country:  U.S.A                     Contract No.:  A-10
```

Identifying Marks & Nos. ⑤	Quantity ⑥	Description of Goods ⑦	Unit Price ⑧	Amount ⑨
005	(18)		(6) CIF NEW YORK	
⟨NBC⟩ (triangle)		100 cases Apples KOGYOKU Grade No.1	US$10.00	US$1,000.00
NEW YORK C/No.1-100 MADE IN JAPAN				

```
Documents Attached:
  Bills of Lading        Signed by:   TOKYO TRADING COMPANY
  Packing List                              ⑩
  Inspection Certificate                         (Seller)
  Consular Invoice
       (19)                        (19)
```

Shipped from: YOKOHAMA	to NEW YORK	per TOKYO MARU

⑪ Via : Panama　　　　　　　　　　Date :　　　July 10, 202～

Application for License to Export No.:　⑫

Date of Validation:　　　⑬　　　　　　　　E.& OE　⑭

【解説／作成要領】

<用途>

商業送り状は、船積書類の主要書類の１つであり、輸出者が輸入者にあてて作成し、商品の明細書であるとともに計算書及び請求書の役割りも果たし、さらに荷為替手形の取組み、輸出入通関の通関書類にもなる。また、輸入割当のある国に輸出する場合、価格の見積りに用いられる試算送り状（proforma Invoice）もある。

<作成・読解>

記載事項については、信用状統一規則の中に以下の規定がある。

1 送り状の宛名：送り状は信用状発行依頼人あてに作成されること

2 送り状の金額：信用状の金額を超える金額は、買取りの際、買取り銀行が支払拒絶できる

3 送り状の商品：信用状記載事項と一致していること

<文書のチェックポイント>

①宛名

②送り状番号

③日付

④契約番号

⑤荷印

⑥数量

⑦商品明細

⑧単価

⑨合計金額

⑩売主名

⑪発送地、経由地、到着仕向地

⑫輸出許可申請番号

⑬有効期限

⑭誤記、脱漏はこの限りにあらず（Errors and Omissions are excepted）、尚、この免責文言があっても売主は約定文言に責任を持たねばならない。

4. 船荷証券と航空運送状 AWB：船積み商品を船会社、航空会社が預かり引渡しを約す書類

船荷証券

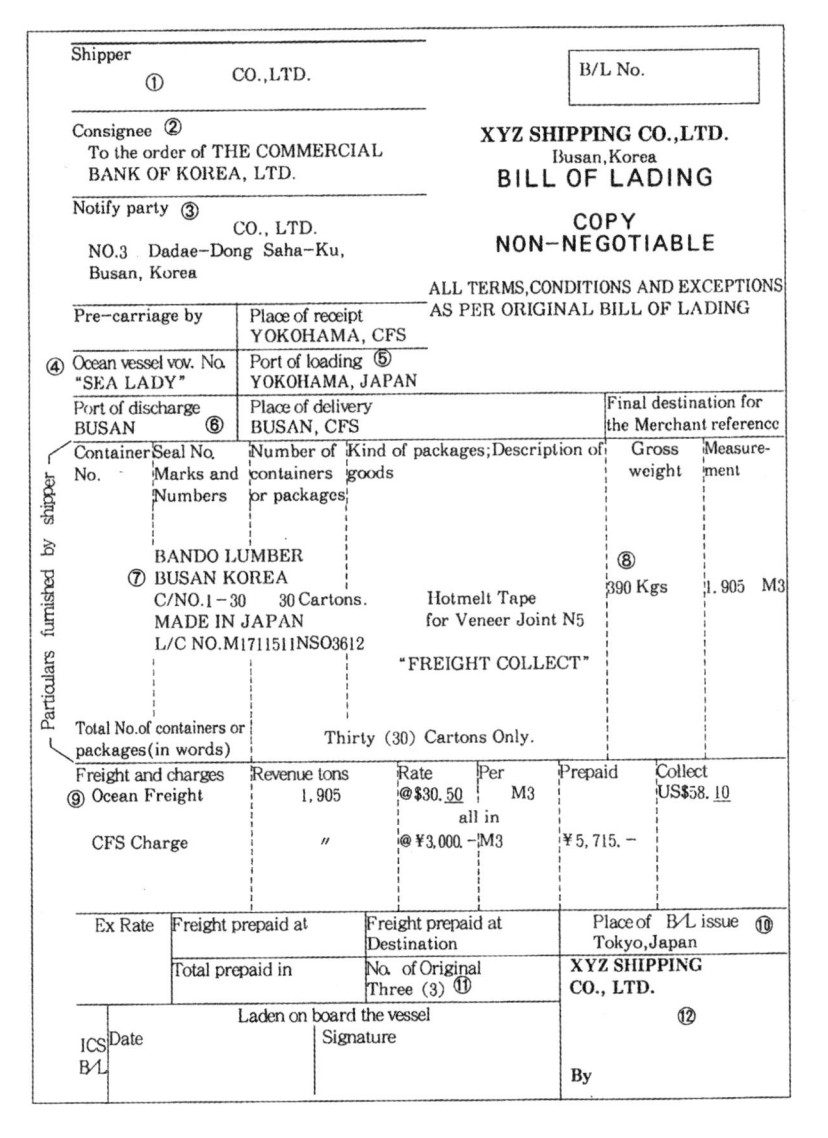

【解説／作成要領】

<用途>

　売主が船積みを完了すると、船会社から入手するのが船荷証券である。これは、所有権源証券、運送契約書、貨物預り証の３つの働きを持つ。本証券が、貿易取引では非常に大きな役割を持つが、最近は、海上運送状（Sea Waybill）が船荷証券の欠点（発行手続に時間がかかり、買主への引渡しに困難が生じる場合が多い）を補うものとして利用

されるようになってきている。しかし、銀行決済等では、船荷証券で主に決済するため、依然貿易取引の中心書類として活用されている。

＜作成・読解＞

ハーグ船荷証券統一条約をうけて、日本の船主組合が定めたフォーム（ICS）に基づき統一フォームが用いられる。特に重要なのは、記載事項に誤記、脱漏その他訂正事項が生じた場合で、荷主側に責任ある場合は補償状（Letter of Indemnity）を船会社に堤出することになる。

＜文書のチェックポイント＞

①輸出者（売主荷送り人）

②荷受人 to order；指図式

③着荷通知先（信用状に明記されている）

④船名

⑤積込地

⑥仕向地

⑦荷印

⑧数量・重量

⑨海上通賃諸掛

⑩運賃支払地

⑪発行枚数（通常3枚）

⑫署名欄

── Business Memo：保証状 ──

保証状はその内容により以下のように区別する。

Warranty：瑕疵担保責任　　Surety：連帯保証

Indemnity：補償責任　　Guaranty：一般保証（Guarantee）に対して金融保証

航空運送状 AWB

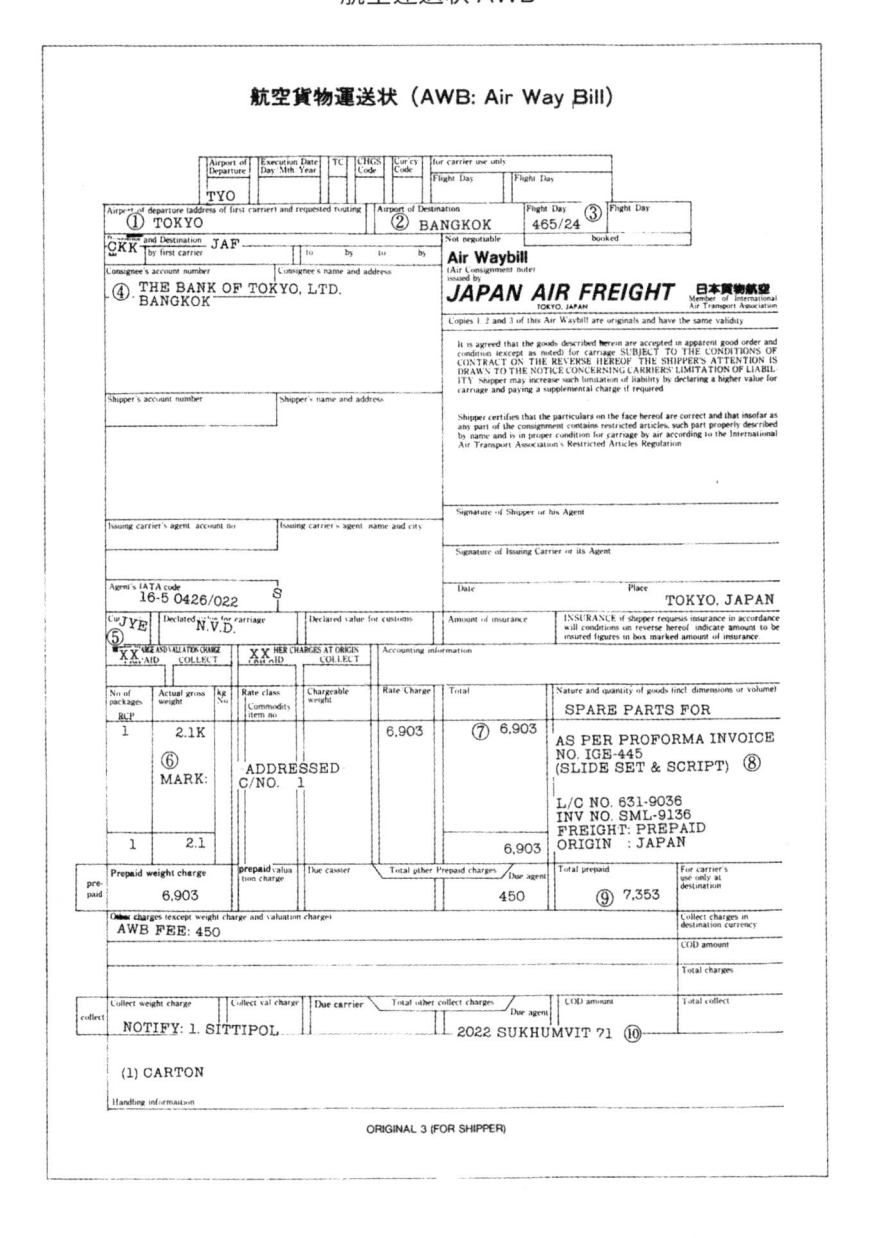

【解説／作成要領】

＜用途＞

航空輸送は、船舶による輸送に比べ迅速なため、船荷証券と同じ発行手続では対応できない。そのため、航空貨物受取証（Air Waybill）といわれる書式が航空会社から発行され、便宜的に航空貨物の引取りに用いられる。

＜作成・読解＞

航空貨物受取証は指図式であり（L/C 扱い銀行が指図人）、そのため、流通性を持た

ない非有価証券である。そのため、航空貨物の受取人である指図銀行の代理として荷受人が貨物の引取りをおこなう形式をとる。銀行では、委任状で荷受けの代理権を買主（荷受入）に委任する形で引渡しの権利を与える。これは銀行の発行する引渡指図書（Release Order）に荷受人が署名する実務手続で完了する。

＜文書のチェックポイント＞

①発送地

②仕向地

③航空機便名及び日付

④荷受人

⑤決済通貨

⑥荷印

⑦運賃

⑧商品明細

⑨前払通賃

⑩代理店名

5. 貨物海上保険証券：貨物に付保された保険約款の証明書

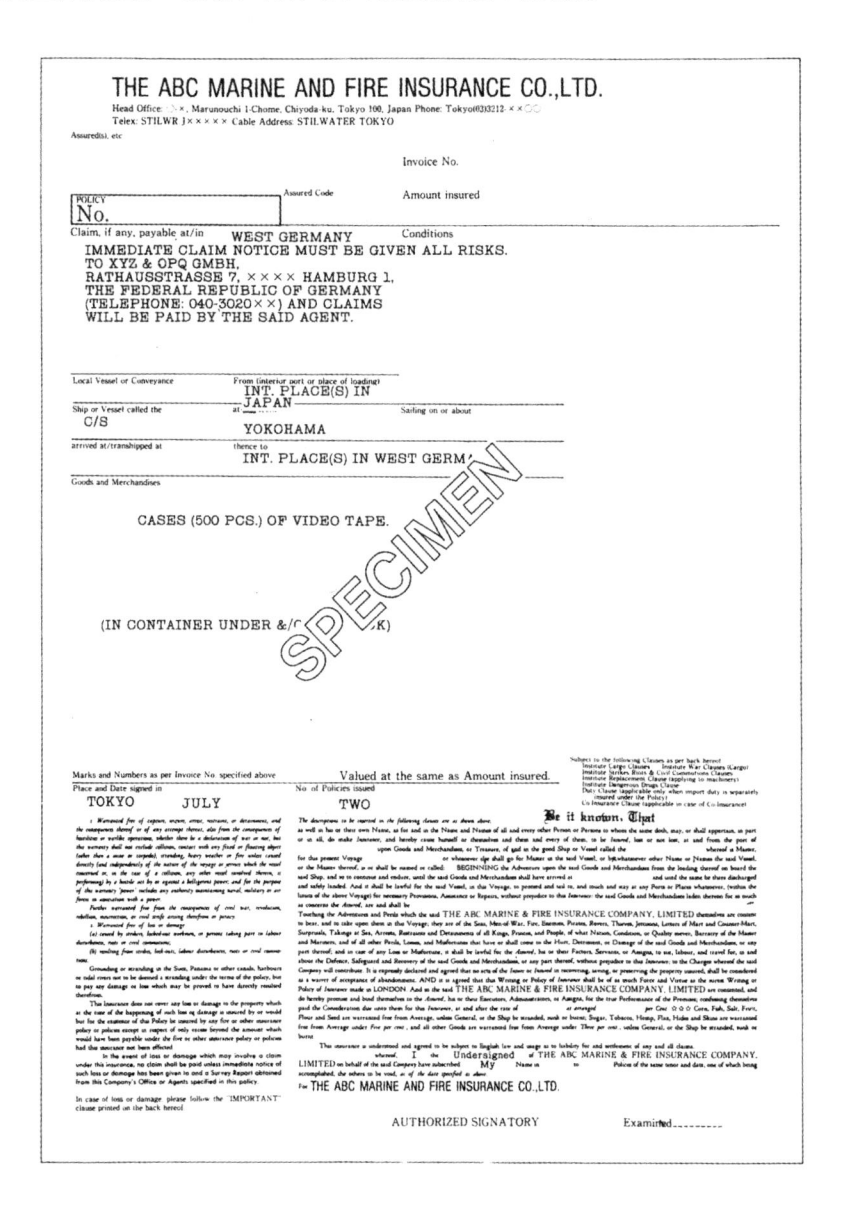

【解説／作成要領】

＜用途＞

　船積書類の主要書類の１つであり、航空、航海中の予期できぬ危険負担を解除する海上保険を付保（cover）した証明になる。有価証券であり、裏書により譲渡可能である。また、FOB、FCA、CFR、CPT 条件では買主、C&F、CIF、CIP 条件のときは、売主が付保手続をおこなう。保険会社では、保険料率を算定のうえで、申込者（原則として保険契約者）に呈示し、保険契約を結ぶことで、貨物海上保険証券が発行される。

<作成・読解>

　日本では、内航貨物保険と外航貨物保険を分けて、国内貨物は商法（海商法）に基づく和文保険証券、外国貨物は英国海上保険法に基づく英文保険証券を用いる。様式はロイズ保険証券をベースにロンドン保険協会が作成した保険会社の統一様式、航海貨物保険証券を用いている。

<文書のチェックポイント>

　　①保険契約者

　　②保険番号

　　③商業送り状番号

　　④合計保険金額（送り状金額の 110% になる）

　　⑤保険条件

　　⑥船名

　　⑦商品明細

　　⑧署名欄

6. 荷為替手形：船積書類と共に売主が買主に宛てた支払い請求書

```
①BILL OF EXCHANGE                              ②
                                              収入印紙

NO.   ③_____

FOR  ⑤_____          _____
                               PLACE        DATE

At   ⑥XXXXXXX  Sight of this FIRST Bill of Exchange (SECOND of the same tenor and

date being unpaid)⑦Pay to_____⑧_____or order the sum of

⑨_____

⑩Value received and charge the same to account of ⑪_____

_____

Drawn under    ⑫_____

Irrevocable L/C No. ⑫_____        Date  ⑫_____

To   ⑬_____              ⑭_____

     _____

                                        _____
                                         Manager
```

【手形訳文例】

```
           ①為替手形                               ②収入印紙
手形番号    ③                 ④振出地・日付
手形金額    ⑤

   この第一券の為替手形（第二券が未払いの場合）に対し、⑥一覧払い条件で⑤を⑧または
その指図人に⑨金額分をお支払い下さい。⑦既に対価は受領済み⑩につき、同額を⑪に請求して
下さい。
この手形は⑫（信用状発行銀行名、信用状番号、日付）に基づき振出されたものである。
名宛人 ⑬                         振出人 ⑭
```

【解説／作成要領】

　荷為替手形は貿易取引の重要なドキュメントです。この文言については古くから確立
された様式があり、そのしきたり（ニューヨーク手形小切手条約）に基づいて決済され
ますので十分な点検が必要です。

＜文書のチェックポイント＞

①為替手形文句

②収入印紙

③手形番号

④手形の振出地および振出日

⑤手形金額

⑥手形期限

⑦支払委託文言

⑧受取人（通常は買取銀行）

⑨金額の文字での複記

⑩対価文言

⑪輸入者

⑫信用状発行銀行、番号、日付

⑬名宛人（支払人）、支払地

⑭振出人（輸出者）

第5章

貿易知識の確認と練習問題

第1節　貿易知識の確認

1.1　全体の流れ

　貿易取引実務の仕組みについて、検定などで問われる内容を本章では確認します。

1.　商品・取引先（市場と取引企業）の選定

　輸入：どの様なモノを購入する必要があるか、国内の消費動向や自社の生産計画をもとに購入商品を決定します。購入した商品が決定したら、候補となる調達先を探します。

　また、輸入する商品が国内の各種法令の対象となるか、関税がいくらかかるかなどもチェックが必要です。

　輸出：自社取扱商品の中で、海外市場でも通用する強みのある商品は何か、取り扱い商品を決め海外向けにPRし、売り込み先を探します。また、自社の商品を購入したいとの引き合いに対して、取引をおこなうか検討します。

　同時に相手国側で許可・申請の対象品目か、あるいは法定検査が必要かなども確認します。

　また、輸出・輸入に関わらず取引先の選定には、相手の信用をどう判断するかも重要な要素となります（信用調査）。

2.　契約交渉・契約締結

　取引交渉：商品価格、決済通貨、決済方法・時期、品質・数量、輸送方法と引渡時期、梱包条件、検査方法・時期、アフターサービス、PLの扱い、トラブル時の対応等、売

買の諸条件を取り決めます。

国内取引と違い長い距離の輸送が必要なため、輸送途中に商品が失われたり、トラブルがあった際の責任分担、つまり商品の引渡し場所や保険付保等、いわゆる貿易取引条件についても取り決めることが必要です。

契約締結：上記の交渉内容で合意が成立したら、契約書を作成します。国際契約においては英文契約書が一般的です。

(1) 輸送段階：輸送手段の確保・保税地域への搬入（海貨・通関業者）

海貨（通関）業者を通じて、船腹予約など輸送手段を確保します。また、輸送中の事故などに備えた保険付与をおこないます。準備が整ったら通関のための保税地域へ貨物を搬入します。

(2) 通関手続き・商品の積込・輸送（海貨・通関業者）

契約条件によって異なる場合もありますが、通常は輸出者側で輸出通関、積込の手続きをおこないます。国境輸送の後、輸入通関手続きを輸入者側でおこないます。通関に関わる申請はオンライン化 NACCS が進んでいます。

(3) 決済段階：代金決済・商品の引き取り

輸入者は代金を支払い、貨物を引き取ります。ただし、決済のタイミングは契約条件によって異なります（前払い、L/C 決済、後払い等）。

1.2 貿易実務の各論

1. 輸出入契約及び契約の基本条件

以下、貿易取引の諸段階でのポイントを取引項目にそって整理します。

(1) 輸出入契約及び契約の基本条件と契約締結までの流れ

① マーケットリサーチ（市場調査）／刊行物、現地調査

② 輸出者からの Offer（申込）又は輸入者からの Inquiry（引合い）により相手先の選定・交渉の開始

③ 相手先の信用調査／相手先の取引先、取引銀行、調査機関等に調査を依頼

④ 確定申込（Firm offer）と承諾（Acceptance）

⑤ 契約の成立、締結／契約書（Contract）に輸出者、輸入者双方の署名をし、契約が締結されたことになる。

（2）契約の基本条件として決定すべき項目は以下のとおりである。

　　①品質

　　②数量

　　③価格

　　④積出（船積）の時期

　　⑤代金決済

　　⑥貨物保険

（3）品質

　　①品質決定の方法

　・見本による方法

　・規格による方法（当該商品の国際規格がある場合）

　・標準品による方法

　　②TradeMark、BRAND による方法

　　③品質決定の時期

　・積出品質条件（SHIPPED QUALITY TERMS）

　・陸揚品質条件（LANDED QUALITY TERMS）

（4）数量

　　①数量単位

　・重量（WEIGHT）、容積（MEASUREMENT）、個数（PIECE、DOZEN）

　・包装単位（PACKAGE）、長さ（LENGTH）、面積（SQUARE）

　　②数量決定時期

　・積出重量条件（SHIPPED WEIGHT TERMS）

　・陸揚重量条件（LANDED WEIGHT TERMS）

（5）価格条件

　　①FOB（Free on Board）価格（指定船積港本船甲板渡し価格）

　　　輸出港において貨物が本船の欄干（手すり）を通過するときに、RISK（危険負担）が、売手（輸出者）から買手（輸入者）に移転する。

　　②C&F=CFR（Cost and Freight）価格（運賃込指定船積港本船甲板渡し価格）

　　　売手は、運送契約締結義務を負うが、売手から買手への RISK の移転が輸出港に

おいて貨物が本船の欄干を通過するときであるのは、FOB と同様である。

③CIF（Cost、Insurance & Freight）価格

（運賃保険料込指定船積港本船甲板渡し価格）

この CIF は運賃に加えて、売手が運送中の貨物の滅失、損傷の危険に対して保険者と海上保険契約締結義務を負わなければならない点が付加されている。

RISK の移転に関しては、FOB、C&F と同様。

(6) 船積の時期（Time of Shipment）

貿易取引では、「時期」といえば輸出者による船積の時期をさすが、特に海上貨物輸送の場合、航海中の荒天遭遇等の自然現象や事故により特定日に限定することは非常に困難であるので、通常、一定の期間を定めて船積の時期とする。また、船積みに関しては、一契約の貨物につき分割して船積みできるか、また運送途中での積替えができるかについて契約書に明記しておく必要がある。

(7) 代金決済

①送金（Remittance）による方法

②荷為替手形（Bill of Exchange）による方法

・信用状（L/C：Letter of Credit）なしのもの

D/P（Documents against Payment、手形支払船積書類渡し条件）

D/A（Documents against Acceptance、手形引受船積書類渡し条件）

・信用状付のもの

信用状とは、輸入者の取引銀行が、輸出者に対して輸出者が信用状どおりの書類を提示することを条件に、輸入者に代わって代金の支払を確約した保証状のことをいう。

(8) 貨物保険

①保険の種類

・貨物海上保険（Marine Insurance）

・航空貨物保険（Air Cargo Insurance）

②保険契約の基本項目

・輸出者・輸入者の付保期間（貨物の輸送につき輸送区間のどこまでを輸出者が、どこから輸入者が、保険会社に対して付保手続きをするか）

・基本損害填補範囲（基本条件）

・FPA（Free from Particular Average）〔単独海損分損不担保〕

　沈没、座礁、大火災による事故、それ以外の事故に関しては共同海損及び全損のみを填補する条件

・共同海損：すべての荷主、船主が共同で負担すべき損害

・WA（With Average）〔単独海損分損担保〕

　FPA の填補範囲に加え、海固有の危険（荒天遭遇による荷崩れや海水濡れ等）による単独海損かつ分損（部分的損害）をも填補する条件

・単独海損：単独の荷主のみが負担すべき条件

・A/R（All Risks）〔全危険担保〕

　海上運送により生じる可能性がある損害をすべて填補する条件

　但し、外的要因による偶発的事故のみ填補。

（9）INCOTERMS（国際商業会議所制定の定型貿易条件）

　国際商業会議所（ICC: International Chamber of Commerce）が貿易に関する国際規則として策定した TRADE TERMS（定型貿易条件）を INCOTERMS（International Rules for the Interpretation Trade Terms）（1953）といい、以下の 13 種類が定義されている。

＝2020 年インコタームズにおけるトレードタームズ＝

伝統的積地条件（物品の引渡しについて積出地を契約履行地とする）	EXW（EX Works）	工場渡
	FAS（Free Alongside Ship）	船側渡
	FOB（Free on Board）	本船渡
	CFR（Cost & Freight）	運賃込渡
	CIF（Cost, Insurance & Freight）	運賃保険料込渡
新たな積地条件（輸入者指定運送人渡し）	FCA（Free Carrier）	運送人渡
	CPT（Carriage Paid To）	運送費込運送人渡
	CIP（Carriage & Insurance Paid to）	運送費保険料込運送人渡
揚地条件（物品の引渡しについて陸揚地を契約履行地とする）	DAP（Delivered at Place）	仕向地持込渡
	DPU（Delivered at Place Unloaded）	荷卸込持込渡
	DDP（Delivered Duty Paid）	関税込持込渡

インコタームズ2010との対比では、以下の変更が加えられています。

①EXW：輸出地の工場等の戸前でRISKが売主から買主に移転する条件

②FAS：貨物積載予定船舶の側面に貨物をつけた時にRISKが売主から買主に移転する条件

輸出地指定場所で買主の指定した運送人に貨物を引き渡した時にRISKが売主から買主に移転する条件

③FOB：買主手配の本船甲板上で仕切る。

④C&F（=CFR）：売主が輸送費、買主が保険を負担する。

⑤CIF：売主が輸送費、保険料を負担する。

⑥FCA：売主は、買主の手配した本船側で引渡す。

⑦CPT：輸入地までの運送費込みの運送人渡し条件、引渡しRISKの移転時期については FCA と同様。

⑧CIP：輸入地までの運送費・保険料込みの運送人渡し条件、RISKの移転時期は FCA と同様。

⑨DES：指定仕向港本船持込渡し条件、輸入港に船が入港した際、本船上でRISKが売主から買主に移転する。

⑩DEQ：指定仕向港埠頭渡し条件、輸入港の埠頭に陸揚げした際にRISKが売主から買主に移転する。

⑪DDU：指定仕向地持込渡し（関税抜）条件、輸入地の輸入者指定場所で輸入通関手続きをすることなく貨物を引渡した時点でRISKが輸出者から輸入者に移転する。

⑫DDP：DDU条件に加え、さらに輸入通関手続きをも売主がおこなう条件。

⑬DAF：取引相手との国境でRISKが輸出者から輸入者に移転する。他国と国境を接していない日本では使用されない。

⑭DAT（Delivered at Terminal）…ターミナル持込渡

仕向港又は仕向地における指定ターミナルで、物品が輸送手段から荷卸しされた後、買主の処分に委ねられた時、売主が引渡し（RISKの移転）の義務を果たす。輸出通関手続きは売主がおこなう。

⑮DAP（Delivered at Place）…仕向地持込渡

指定仕向地において荷卸しの準備が出来ている、到着した輸送手段（船舶又は航空機）の上で、物品が買主の処分に委ねられた時、売主が引渡の義務（RISKの移転）を果たす。輸出通関手続きは売主がおこなうが輸入通関の義務はない。

(10) 輸出入取引の決済方法と信用状

　①送金（Remittance）による方法

　　代金決済の方法のうち、送金による場合は以下の 3 種類がある。

　・郵便送金（Mail Transfer）

　・電信送金（Telegraphic Transfer）

　・小切手（Demand Draft）

　・輸出前受（前払）（In Advance）

　　貨物が船積みされる前に代金が輸入者から輸出者に支払われる

　・輸出後受（後払）（After Shipment）

　　貨物が船積みされた後に代金が輸入者から輸出者に支払われる

　②荷為替手形（Bill of Exchange：B/E）による方法

　・**信用状なしの荷為替手形決済の流れ**

　　手形代金支払（D/P）・引受（D/A）

　　D/P（Documents against Payment、手形支払船積書類渡条件）の場合

　　→手形代金を支払って船積書類を受取る

　　D/A（Documents against Acceptance、手形引受船積書類渡条件）の場合

　　→後日支払いの約束をして船積書類を受け取る（金利が付く）

　・**信用状付きの荷為替手形決済の流れ**

　　信用状（LETTER OF CREDIT：L/C）とは、輸出代金の支払いを輸入者側の銀行
　　が保証してくれるもので、輸入者側の取引銀行が発行する。輸出者は、銀行が
　　輸出代金の支払いを保証するので、安心して輸出貨物の船積みをすることがで
　　きる。

(11) 取引に必要な船積書類（主要書類）

　①B/L（Bill of Lading/ 船荷証券）

　　輸出者が貨物を船会社に預けた（船積した）時点で船会社から輸出者に対して
　　発行される書類で、船会社が輸出港から輸入港まで貨物を安全に運送すること
　　を約束する証券である。輸入者はこの B/L を船会社に差し入れて代わりに貨物
　　を受け取る。

　②Invoice（送り状）

　　貿易取引において輸出者が輸入者に対して必ず発行する貨物の明細を示した明
　　細書で、代金請求書、出荷案内書、納品書を兼ねている。

記載内容は、積荷の品名・数量・単価・金額・本船名・船積日・船積港、仕向港などである。

③Packing List（梱包明細書）

④Weight Certificate（重量証明書）

⑤Certificate of Origin（原産地証明書）

特定の国（開発途上国等）からの輸入につき、関税の便益を与える、その貨物が確かに該当国で生産されたものであるということを証明する書状。輸出国の本邦在外公館や税関等で作成する。

(12) 輸出入通関手続

通関手続とは、輸出入の際に税関に対して必要事項を申告し、その許可を受けるまでの一連の対税関手続きを指す。

・輸出の申告及び許可

貨物を輸出しようとする者は、輸出しようとする貨物を蔵置している場所を所轄する税関長に以下の事項を記載した「輸出申告書」を提出することにより申告する。

税関長は、当該貨物に必要な検査をおこない、その許可を与える。

[記載事項]

①貨物の記号、番号、品目、数量及び価格

②貨物の仕向地

③積載船舶又は航空機の名称

④貨物の蔵置場所

輸出通関手続の流れ

保税地域搬入 → 輸出申告 →（検査・審査）→ 輸出許可 → 船積み

・輸入の申告及び許可

貨物を輸入しようとする者は、輸入しようとする貨物を蔵置している場所を所轄する税関長に以下の事項を記載した「輸入（納税）申告書」を提出することにより申告する。税関長は当該貨物に必要な検査をおこない、輸入者から関税

　等が納付された後、その許可を与える。

[記載事項]

①貨物の記号、番号、品目、数量及び価格

②貨物の仕向地

③積載船舶又は航空機の名称

④貨物の蔵置場所

⑤その他参考事項

⑥税表番号、税率及び関税、消費税額等

⑦保税地域

　保税地域とは、本邦に到着した貨物で輸入通関されていないもの又は輸出の許可を受けた貨物（外国貨物）を置くことのできる一定め範囲を有する場所として定められたものである。

輸入通関手続の流れ

保税地域搬入 → 輸入申告 →（検査・審査）→ 関税納付 → 輸入許可 → 保税地域搬出

＝保税地域の種類と機能＝

種類	主たる機能
指定保税地域 （国交省大臣）	１ヶ月以内の一時蔵置（主として通関手続のため）
保税蔵置場 （税関長）	３ヶ月以内の短期蔵置、税関の承認により２年以内の長期蔵置
保税工場 （税関長）	外国貨物の加工、製造、改装等
保税展示場 （税関長）	外国貨物を展示する博覧会等の会場として使用
総合保税地域 （税関長）	保税蔵置場、保税工場、保税展示場の施設がある複合保税地域

（13）輸入してはならない貨物

関税法第 69 条により、輸入が禁止されている物品を「輸入してはならない貨物」といい、次のものが規定されている。

　①麻薬及び向精神薬、大麻、アヘン、けしがら、覚醒剤及びその原材料

　　並びにアヘン吸引具

　②拳銃、小銃、機関銃及び鉄砲並びにこれらの鉄砲弾又は拳銃部分品

　③通貨又は有価証券の偽造、変造、模造品

　④公安又は風俗を害すべき書籍、図画、彫刻物その他の物品

　⑤特許権、意匠権、著作権、著作隣接権、商標権、実用新案権、回路配置利用権

　　又は育成者権（知的財産権）を侵害する物品

　　これら輸入してはならない貨物に該当した場合は、税関は、原則として没収して廃棄するか、外国への積戻しを命ずる。

（14）輸出業務・輸入業務の流れ

　・輸出業務の流れ（契約締結後、L/C 付き手形決済の場合）

　　①輸出契約

　　↓

　　②L/C（信用状）の入手

　　↓

　　③Space Booking（船腹手配）保険付保（CIF 等の場合）

　　↓

　　④Invoice 等の作成

　　↓

　　⑤輸出通関手続

　　↓

　　⑥船積手続・B/L 入手

　　↓

　　⑦通知買取銀行に手形振出

　　↓

　　⑧手形代金回収

　・輸入業務の流れ（契約締結後、L/C 付き手形決済の場合）

　　①輸入契約

↓

②L/C（信用状）開設・発行依頼

↓

③L/C 開設：L/C 開設銀行が通知一貫取銀行に L/C を開設・発行する

↓

④貨物船積：Shipper（輸出者）は L/C 条件に合わせて貨物を船積し、通知・買取銀行に手形を添えて船積書類を提出

↓

⑤船積み書類・手形の送付：通知・買い取り銀行は買い取った船積み書類と手形を信用状開設銀行に送付

↓

⑥手形代金支払：Buyer（輸入者）が手形代金に対して支払いをおこなう

↓

⑦信用状開設銀行が Buyer（輸入者）に船積み書類を渡す

↓

⑧輸入通関手続

↓

⑨貨物の引取り：B/L（船荷証券）を船会社に差し入れ、貨物を引き取る

↓

⑩デリバリー：引き取った貨物を国内の売り主に配送する

（15）輸入クレームの求償

・責任の所在

　損害が発生した場合、当該事故がどのような原因によって引き起こされたものであるかについて責任の所在を明らかにする必要がある。

　その場合、一見してその要因が明らかな事故や少額の事故等は、輸入者が輸出者、船会社、保険会社とそれぞれ協議の上、クレームすることになるが、通常は、第三者である「鑑定人（Surveyor）」（日本海事検定協会等）に依頼し「鑑定報告書（Survey Report）」を作成してもらう必要がある（要手数料）。鑑定の結果、何処に責任があるか確定できた場合、以下のようにクレーム調整を進める。

・船会社へのクレーム

①損害発生事実確保

コンテナ貨物の場合、船会社の代理店からリマーク付 EIR/Equipment Receipt や特に食品等は貨物輸送中の保管温度を示した温度チャート等を入手する必要がある。在来船貨物の場合は、Cargo Boat Note（貨物受渡書）に損害の状況を記したものが必要である。

②事故通知（予備クレーム）

荷卸の際、事故が発見された場合には速やかに（3日以内に）船会社に書面（Preliminary Notice of Claim）にて事故通知をおこなう。

③損害賠償請求（本クレーム）

先の事故通知書（Preliminary Notice of Claim）により損害の程度を確定し、鑑定報告書（Survey Report）を受け、それに基づき損害額・費用損害・サーベイ料の計算書を添付したクレーム書もしくは、計算式を含むクレーム書を作成して提出する。

1.3　まとめの確認問題

ここで、これまでの総まとめ問題を解いて基礎力を試してみましょう。

問　題

以下の貿易取引の文章中の（　）に貿易用語を日本語と英語で記入してください。

貿易取引実務は、**1. 交渉・成約、2. 商品の引渡し、3. 代金決済**の3つの取引プロセスの流れから成り立っている。この3つの流れに沿ってビジネスコミュニケーションが展開される。

1. 交渉・成約プロセスでは、先ず買主が売主に送る（　①　）が、貿易取引の開始となる。次いで売主は、買主と取引に応じる場合には（　②　）と共に（　③　）を買主に送る。③は品質、価格や引渡しの条件を付した法的な手続きで、もし買主が直ぐに取引に応じた場合は撤回できないので、慎重におこなわれるべきである。買主が売主の③に条件修正を求めて送り返すことを（　④　）という。契約は買主が応じれば直ちに成立する。

2. 商品の引渡しプロセスでは、通常は、まず買主が契約に従って、発行銀行に対して（　⑤　）の発行を依頼し、これをもって売主へ、通知銀行を通じ

て、⑤に示された支払い保証の確認を伝える。売主は直ちに船積みの準備を開始する。船積みが完了すると船輸送会社から（　⑥　）を入手、（　⑦　）、（　⑧　）3書類を揃えるが、これを（　⑨　）と呼んでいる。この書類による売買が貿易取引の大きな特徴で証券化ビジネスとなって、商品流通と資金流動化により、世界で取引が可能となる。

3. 代金決済のプロセスでは、売主は⑥、⑦、⑧に（　⑩　）から得た輸出許可書他を添えて、買主に対して（　⑪　）手形を振り出して、代金を請求する。買主は、売主の⑨を得る為⑪に対して代金を支払う。このような貿易全体の取引の流れを総称して（　⑫　付　決済）と呼んでいる。

日本語		英語	
①		①	
②		②	
③		③	
④		④	
⑤		⑤	
⑥		⑥	
⑦		⑦	
⑧		⑧	
⑨		⑨	
⑩		⑩	
⑪		⑪	
⑫		⑫	

解答▶日本語

1. ①照会　②取引勧誘　③申込み　④反対申込み
2. ⑤信用状　⑥船荷証券　⑦インボイス　⑧保険証券　⑨船積書類
3. ⑩税関　⑪荷為替手形　⑫信用状、荷為替手形

解答▶英語

1. ① Inquiry　② Circular　③ Offer　④ Counter Offer
2. ⑤ Letter of Credit　⑥ Bill of Lading　⑦ Invoice　⑧ Insurance Policy　⑨ Shipping Documents
3. ⑩ Customs House　⑪ Documentary Bill of Exchange　⑫ Documentary Bill of Exchange under L/C

第2節　リハーサル模擬試験

（解答は p.157 ～ 159）

貿易実務検定試験対策類題

1

1. 次の各文章について、正しいものには○、誤っているものには×をつけよ。
   (1) 関税関係法令以外の法令（他法令）に基づく検査に合格している資物を輸出する場合には、税関の検査が免除される。
   (2) 現在、日本の保税地域は4種類ある。

(1)	(2)

2. 次の各文章につき、（　）内に示した2つの語句のうち、正しいものを選べ。
   (1) 輸出貨物は原期として、（A 輸出申告後　B 輸出申告前）に保税地域に搬入しなければならない。
   (2) 輸入貨物は原則として、（A 輸入申告後　B 輸入申告前）に保税地域に搬入しなければならない

(1)	(2)

3. 次の各文章の空欄に入る最も適切な話句を下記の語群より選び、その記号を記入せよ。
   (1) 輸出入に関して、関税法関係法令以外の法令により許可・承認などが必要な貨物については、（　①　）の際、当該許可・承認などを受けていることを（　②　）に証明しなければならない。又、輸出入に関して、関税法関係法令以外の法令により検査・条件の整備などが必要な貨物については、（　③　）の際に、当該検査の完了・条件の具備を（　②　）に証明し、（　④　）を受けなければならない。

> a. 輸出入許可　b. 輸出入申告　c. 保税地域への般入
>
> d. 申告に係る検査・審査　e. 貨物の所管大臣　f. 経済産業大臣
>
> g. 税関長　h. 許可　i. 承認　j. 確認

①	②	③	④

(2)（　）内に以下の語群から選択して記入せよ。

貨物を保税地域に入れないで輸出申告することについで、（　①　）の（　②　）を受けた場合には、輸出申告に係る貨物を（　③　）に積込んだ状態で（　④　）及び（　⑤　）を受けることができる。

> a. 審査　b. 検査　c. 認可　d. 許可　e. 承認　f. 確認
>
> g. 証明　h. 外国貿易船　i. 沿海通行船　j. 税関長　k. 船長

①	②	③	④	⑤

4．次の各問について答えを1つ選び、その番号を記せ。

（1）次に掲げる保説地域の中で、長期蔵置が出来ないものはどれか。

　A　保税蔵置場

　B　指定保税地域

　C　総合保税地域

（2）輸入禁制品に該当しないものはどれか。

　A　向精神薬

　B　偽の貨幣

　C　日本刀

(1)	(2)

5. 次の文章について正しいものには○、誤っているものには×をつけよ。

(1) D/P手形とは、「支払い時書類渡し」のことで、輸入者が代金を支払うことと引替えに、銀行が貨物の引取りに必要な船積書類を引渡すことをいう。

(2) 外国為替相場とは、異なる通貨の交換比率のことをいう。

(1)	(2)

2

1. 次の各問について答えを1つ選べ。

(1) 輸入者が商品代金を海外送金で支払う場合、代金がドル建てだとすると、適用される相場（レート）はどれか。

　A　A/S（At Sight）相場

　B　TTS

　C　TTB

(2) 輸入者が商品代金を海外送金で支払う場合は次のどれに該当するか。

　A　並為替

　B　逆為普

　C　被仕向け為替

(1)	(2)

2. 次の各文章につき、正しいものには○、誤っているものには×をつけよ。

(1) 貿易取引のためのマーケティングは、取引先の信用調査及び商品の市場調査のみを目的とする。

(2) 近年、マーケット（市場）は、世界的に同質化しているために、それぞれの国や地域における宗教・習慣・思想等は、市場調査において、重要視されなくなりつつある。

(1)	(2)

3. 次の各文章につき、正しいものには○、誤っているものには×をつけよ。

(1) 市場調査は、輸出する国の一般的情報（地理・気候・政治形態・貿易制度など）と輸出しようとする商品独自の情報の両面からおこなう必要がある。

(2) 市場調査は、外国の在日公的機関や貿易団体、銀行等を利用しておこなうことにより、現地に出向いておこなう必要がない場合も常である。

(1)	(2)

4. 次の各文章につき、正しいものには○、誤っているものには×をつけよ。

(1) 絶滅の危機にある野生動植物の保護に関する条約である「ワシントン条約」に基づく輸入の規制では、規制の対象となる動植物およびそれらを用いた生産物について、輸入公表により定められている。

(2) 「ワシントン条約」に基づく輸入の規制では、そのすべての対象について商業輸入が禁止されている。

(1)	(2)

5. 次の各文章につき、正しいものには○、誤っているものには×をつけよ。

(1) GATT（関税と貿易に関する一般協定）は、自由貿易の促進と貿易摩擦の仲裁などを目的として、1948年に発効された。

(2) WTO（世界貿易機関）は、1995年に国際機関として設立されたが、GATTの原則に基づいて設立されたため、その内容は物の貿易に関する協定のみになっている。

(1)	(2)

3

1. 次の各文章につき、正しいものには○、誤っているものには×をつけよ。

(1) 「有害廃棄物の国境を越える移動及び処分の規制に関する条約」を「バーゼル条約」という。

(2)「バーゼル条約」は、非差別の原則、通過国同意の原則、処理施設搬入の三原則
により成り立っている。

(1)	(2)

2. 次の各文章につき、正しいものには○、誤っているものには×をつけよ。

(1) 特殊関税制度とは、例外的にダンピングを黙認したり、輸出補助金の額を免税し
たり、通常より低い関税率又は無税で輸入できる制度である。

(2) 関税割当制度とは、一度に輸入する数量により一次税率から三次税率が定められ
ている制度である。

(1)	(2)

3. 次の各文章につき、（　）内に示した2つの語句のうち正しいものを選び、その記
号を記せ。

(1) 売主と輸出者、あるいは買主と輸入者は（A　常に同一人である　B　必ずしも同
一人と限らない）。

(2) 信用状は（A　輸出者　B　輸入者）が銀行に開設を依頼する。

(1)	(2)

4. 次の各問について答えを1つ選べ。

(1) 貿易取引の特色として掲げることが不適当なものはどれか。

　A　荷為替手形による決済方法が広く用いられる。

　B　運送手段が陸、海、空と多様である。

　C　通関手続が伴う。

(2) 国際条約・協定について誤っているものはどれか。

　A　WTO 加盟国は GATT 加盟国でもある。

　B　HS 条約により WTO 加盟国は関税率表に HS 商品分類を使用する義務がある。

C　外国間の売買取引に適用されるウィーン売買条約にわが国は未加盟である。

(1)	(2)

5.　次の各文章につき、正しいものには○、誤っているものには×をつけよ。

(1) 信用状取引において、信用状発行銀行が輸入者に対して「本邦ローン（自行ユーザンス）」を供与する場合には、輸入者は代金決済までに銀行から貨物を借り受けることになるので、「貨物保管預り証（Trust Receipt）」を銀行に差し入れる。

(2) 本邦ローン（自行ユーザンス）を供与し、T/Rをおこなう場合、そのユーザンス期間中に輸入者が商品を販売して国収した現金、小切手、手形をこのユーザンス貸出しの見返りとして銀行に内入れさせるのが一般的であり、「貨物保管預り証（Trust Receipt）にも輸入者が銀行に対して負うそれらの義務が列記されている。

(1)	(2)

4

1.　次の文章の空欄に入る最も適当な語句を下記の語群から選び、その記号を記せ。

（（1））とは、信用状開設銀行がいったん信用状を開設すれば、信用状の（（2））の同意がなければその信用状を一方的に取り消したり、条件を変更することができない信用状のことをいい、受益者に予告することなしにいつでも変更し、取り消すことができる信用状を（（3））という。

（（4））の場合には、受益者振出しの手形買取りを特定の銀行に限定しているので、他の銀行が買取っても、その銀行は当然の権利者として（（5））に手形の引受けや支払いを求めることができない。

> a. 譲渡可能信用状　b. 引受人　c. 約束手形　d. 発行銀行
> e. 輸入者　f. Special (Restricted) Credit　g. 買取銀行　h. 確認信用状
> i. 代金　j. 取消可能信用状　k. 輸出者　l. 信用状発行　m. 回転信用状　n. 船積
> o. General (Open) Credit　p. 振出人　q. 船積書類　r. 当事者全員　s. 荷為替手形
> t. 取消不能信用状　u. 信用状開設銀行

(1)	(2)	(3)	(4)	(5)

2. 次の各文章につき、（　　）内に示した2つの語句のうち正しいものを選び、その記号を記せ。

(1) 通関手続は通関業者を起用せずに輸出入者が自らおこなうことも（A　可能　　B　不可能）である。

(2) 外国為替及び外国貿易法により輸出入承認が必要な場合は、通関手続の（A　前に　　B　後に）取得する。

(1)	(2)

3. 次の各文章の空欄に入る最も適当な語句を下記の語群から選び、その記号を記せ。

信用状の付かない輸出荷為替手形は一般に D/P、D/A 手形と呼ばれる。（（1））は手形代金を支払ったら船積書類を渡す条件であり、（（2））は手形を（（3））たら船積書類を引渡す条件である。

D/P、D/A 手形は通常、輸出地の銀行は（（4））扱いとしないで（（5））扱いとする。

a. 買取り（BB － Bill Bought）　b. 確認　c. D/P　d. 期限付き
e. 一覧払い　f. D/A　g. 取立て（BC － Bill for Collection）
h. 引受け　i. L/C 付き　j. 支払い

(1)	(2)	(3)	(4)	(5)

4. 次の各文章の空欄に入る最も適当な語句を下記の語群から選び、その記号を記せ。
航空貨物が到着すると航空会社から（（1））、インボイス等を添付した（（2））が荷受人側に送付されてくる。L/C 決済による場合、AWB（Air Waybill）面の

（（3）　）が（（4）　）銀行となっているので当該銀行から（（5）　）に署名を得る
ことが必要である。

---

a. 権利移転書（Letter of Subrogation）　b. 航空運送状　c. 受荷主
d. 信用状開設　e. 貨物到着通知　f. 買取り　g. 荷渡指図書（D/O）
h. 出荷案内状　i. 航空貨物引渡指図書（Release Order）

---

(1)	(2)	(3)	(4)	(5)

5.　次の各文章につき、正しいものには○、誤っているものには×をつけよ。

（1）L/G は B/L が未着のため輸入者が B/L なしで船会社から貨物を引き取るために船
会社に差し入れる、銀行を連帯保証人とした保証状である。

（2）S/I（Shipping Instruction）は D/R（Dock Receipt）にリマークがついた場合、ク
リーン B/L を発行してもらうために船会社に差し入れる銀行を連帯保証人とした
保証状である。

（3）リリースオーダーは信用状発行銀行が荷受人となっている航空運送状について、
銀行が航空会社宛にその貨物を輸入者又は指定した通関業者に引渡すよう指示し
た指図書である。

(1)	(2)	(3)

6.　以下の文で船積書類の法的性格上正しいものに○、誤りは×をつけよ。

（1）商業送り状は有価証券である

（2）HOUSE AIR WAYBILL は引渡し証券である

（3）複合運送証券は有価証券である

(1)	(2)	(3)

5

1. 次の各文章の空欄に入る最も適切な語句を下の語群より選べ。

(1) 取消不能信用状の内容変更は（ ① ）の同意がなければ出来ない

(2)「Acceptance」（承諾）の内容は（ ② ）や（ ③ ）などで確認し合う必要がある

---

a. Firm Offer　b. 船荷証券　c. Sales Note　d. 信用状関係当事者全員　e. 代理人
f. 船積時　g. Counter Offer　h. Question　i. 荷為替手形　j. 一手販売代理人
k. Purchase Order

---

(1)	(2)	(3)

2. 次の各文章につき、正しいものには○、誤っているものには×をつけよ。

(1) 関税関係法令以外の法令の規定により、輸入に関し許可又は承認等を必要とする貨物については、輸入申告に係る税関の審査の際、当該許可又は承認を受けている旨を税関に証明しなければならない。

(2) 総合保税地域とは、一団の土地及びその土地に存する建物その他の施設で、外国貨物の積卸し、蔵置、仕分け、加工・製造、展示などの行為をすることができる場所として、税関長が許可したものをいう。

(1)	(2)

3. 次の各文章につき、（　）内に示した2つの語句のうち正しいものを選び、その記号を記せ。

(1) 輸入申告書に記載する価格は（A　FOB　　B　CIF）価格である。

(2)（A　保税蔵置場　　B　指定保税地域）においては、積極的保税地域として、外国貨物の長期蔵置をすることはできない。

(1)	(2)

4．次の各問につき、答えを1つ選べ。

(1) 輸入通関に関する次の記述のうち、正しいものはどれか。

A　外国から到着した貨物を本邦に引き取ろうとする場合には、経済産業大臣に対して輸入申告をおこない、輸入許可を受ける必要がある。

B　課税価格の合計額が10万円以下の輸入貨物（携帯品又は別送品を除く）に対する関税の率は、原則として関税定率法第3条の3（少額輸入貨物に対する簡易税率）に規定する簡易税率による。

C　輸入申告すべき貨物の数量は、税関長が貨物の種類ごとに定める単位による当該貨物の正味の数量とする。

(2) 次の記述のうち、正しいものはどれか。

A　経済が開発の途上にある国際連合貿易開発会議（UNCTAD）の加盟国は、すべて特恵受益国である。

B　特別特恵受益国を原産地とする物品の特恵関税率はすべて無税とされている。

C　関税定率法第5条の規定に基づく便益関税は、特恵受益国を原産地とする貨物には適用されない。

(1)	(2)

5．次の各問につき、答えを1つ選べ。

(1) 貿易一般保険について正しい記述はどれか。

A　この保険は輸出不能をてん補する普通輸出保険、手形代金回収不能をてん補する輸出代金（手形）保険及び仲介貿易保険を取りまとめ1つの保険制度としたものである。

B　この保険は契約の当事者の責めに帰せない事由による危険のみをてん補する。

C　この保険の契約方式には個別保険と企業包括保険があるが、企業包括保険は特定企業が一定期間のすべての取引について保険契約をする方式である。

(2) 貿易保険制度についての記述で誤っているものはどれか。

A　貿易保険は輸出取引のみを対象とする。

B　貿易保険を利用する場合は「海外商社名簿」にバイヤーが登録されていなければならない。

C 貿易保険は契約当事者の責めに帰せない事由である非常危険と契約当事者の責めに帰する事由である信用危険による損失をてん補する。

(1)	(2)

6

1. 次の各文章につき、正しいものには○、誤っているものには×をつけよ。

(1) 信用状なし取引の場合でも、輸出者の振り出した荷為替手形が一覧払手形の場合には輸出者の取引銀行は原則として手形の買取りに応じてくれる。

(2) 信用状なしの取引で、輸出者の振り出した荷為替手形を「取立扱い」にする場合は、一般法人が保険者となっている「輸出手形保険」を付保することが望ましい。

(1)	(2)

2. 次の各問につき、答えを１つ選べ。

(1) 貿易決済方法には輸入者から輸出者へ代金を送る方法（並為替）があるが、次のうち郵便局に送金手続きを依頼する方法はどれか。

A 送金小切手（DEMAND DRAFT）

B 郵便振替（MAIL TRANSFER）

C 郵便送金為替（POSTAL MONEY ORDER）

(2) 輸出者が振り出したドル建て一覧払いの荷為替手形を銀行が買取る場合の相場は、原則として次のどれか。

A TTS

B A/S（At Sight）

C Time Bill Buying Rate

(1)	(2)

3.　次の各文章につき、正しいものには○、誤っているものには×をつけよ。

(1) マーケティングとは、市場を創造し、成長させ、それを維持させてゆくことである。

(2) 市場の成長・維持のためのマーケティングにおいて、重要視されているいわゆるマーケティング・ミックスとは、マーケティング戦略上の主たる4つの要素であるPRODUCT（商品計画）・PRICE（価格設定）・POLICY（政策）・PROMOTION（販売促進）を効果的に組み合わせることである。

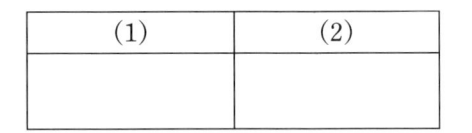

(1)	(2)

4.　次の各問につき、答えを1つ選べ。

(1) いわゆるマーケティング・ミックス（4P）に含まれないものはどれか。

　A　PLACE（流通システム）

　B　PRICE（価格設定）

　C　PROCESS（過程・経過）

(2) 市場調査においてすべての商品に共通する一般情報に含まれない項目はどれか。

　A　通商政策（貿易管理制度等）

　B　市場（流通機構等）

　C　金融・為替（金融機関等）

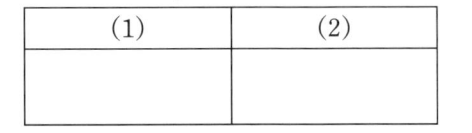

(1)	(2)

5.　次の各問につき、答えを1つ選べ。

(1) 市場調査についての正しい記述はどれか。

　A　近年、マーケット（市場）は、世界的に同質化しているために、それぞれ国や地域における宗数・習慣・思想等は、市場調査において、重要視する必要はない。

　B　近年、マーケット（市場）は、世界的に同質化しているために、世界共通の標準化と地域的な多様化を同時に追求し、成立させる必要がある。

C　近年、自由貿易が主流となっている為、各国市場独自の貿易政策は、輸出入の動向に影響を及ぼすことは極めて少ない。

(2) 輸出マーケティングについての記述のうち、誤っているものはどれか。

A　輸出マーケティングには、絶対的に要する場合と相対的に選択される場合とがある。

B　輸出マーケティングは、国内マーケティング及び市場調査により、いかに国内製品の優位性を海外市場で確立させるか、海外市場のニーズを具体化させて国内製品を適用させるかが、成否の鍵となる。

C　輸出マーケティングをおこなう際には、必ず貿易団体等の専門機関から意見を聴かなければならない。

(1)	(2)

7

1. 次の各文章につき、正しいものには○、誤っているものには×をつけよ。

(1) GATT（関税と貿易に関する一般協定）は、自由貿易の促進と貿易摩擦の仲裁などを目的として、1948年に発効された。

(2) GATTでは、貿易について、できるだけ国が管理するという原則がある。

(3) GATTでは、その関税率が参加国すべてに対して平等かつ無差別に適用されるという原則がある。

(4) GATTにいう貿易制限の撤廃とは、具体的には輸入数量制限の撤廃のことである。

(5) GATTでは、国内産業の保護を目的とした貿易制限については、輸入数量制限を認めている。

(6) GATTにいう「最恵国待遇」とは、通常、貿易の相手国に対してどの国に与えているよりもいい条件を与えることをいう。

(7) GATTにいう「内国民待遇」とは、輸入産品に対しては国内規制を適用しないことをいう。

(8) WTO（世界貿易機関）は、1964～1967年に開催されたケネディ・ラウンドの成功をもとに正式な国際機関として設立された。

(9) ウルグァイ・ラウンド交渉では、これまでの GATT 交渉（ラウンド）と異なり、サービス貿易や知的財産権等の新分野、農業の保護制限などが含まれた。

(10) 関税割当制度とは、一定の輸入数量を割り当てられた輸入者については、関税が免除になる制度をいう。

(11)「ワシントン条約」にもとづく輸入の規制では、そのすべての対象について輸入が禁止されている。

(12)「ワシントン条約」にもとづく輸入の規制では、規制の対象となる動植物及びそれらを用いた生産物について輸入公表により定められている。

(13)「ワシントン条約」にもとづく輸入の規制では、その附属書に掲げられた動植物については輸入割当品と規定されており、経産大臣の輸入承認が必要である。

(14)「ワシントン条約」にもとづく輸出の規制では、ワシントン条約に該当する貨物については、輸出の許可が必要である。

(15)「モントリオール議定書」にもとづく輸出の規制では、輸出貿易管理令により該当貨物は輸出承認が必要である。

(16) 日本におけるオゾン層を破壊する「特定フロン」の輸入は、「モントリオール議定書」にもとづき経産大臣の輸入承認が必要である。

(17) すべてのフロン、ハロンは、「モントリオール議定書」により全廃されている。

(18)「有害廃棄物の国境を越える移動及び処分の規制に関する条約」を、ウィーン条約という。

(19) 日本の国内法である「特定有害廃棄物等の輸出入等の規制に関する法律」に規定された特定有害廃棄物等については、輸出も輸入も経産大臣の承認が必要である。

(20) HACCP は、もともと NASA で生み出された安全衛生管理の手法で、それが世界的に食品製造の安全システムとして広まったものである。

(1)	(2)	(3)	(4)	(5)
(6)	(7)	(8)	(9)	(10)

(11)	(12)	(13)	(14)	(15)

(16)	(17)	(18)	(19)	(20)

8

1. 次の文章について、（　）内に示したＡ、Ｂ、2つの語句のうち正しいものを選び、その記号を解答欄に記入せよ。

(1) 貿易取引固有の代金決済手段として、（Ａ　送金　　Ｂ　荷為替手形）による方法があげられる。

(2) カウンターオファーとは、相手のオファーに対して（Ａ　新たなオファーをすること　　Ｂ　条件付の承諾をすること）である。

(1)	(2)

2. 次の文章について、（　）内に示したＡ、Ｂ、2つの語句のうち正しいものを選び、その記号を解答欄に記入せよ。

(1) 信用状とは、輸入者の取引銀行が、輸出者が信用状条件どおりの書類を呈示することを条件に（Ａ　輸入者　　Ｂ　輸出者）に対して代金の支払いを確約した保証状である。

(2) 輸入申告書に記載する申告価格は（Ａ　CIF　　Ｂ　FOB）価格である。

(1)	(2)

3. 次の文章について、（　）内に示したＡ、Ｂ、2つの語句のうち正しいものを選び、その記号を解答欄に記入せよ。

(1) ハウス・エアウェイビル（HAWB）とは、（Ａ　利用航空運送事業者　　Ｂ　航空会社）が発行するエアウェイ・ビル（AWB）のことをいう。

(2) 食品を輸入する場合には、貨物の到着後速やかに空港や港を所轄する検疫所に

（A　許可証明書　B　食品等輸入届）を提出し、審査・検査を経て合格通知書が発行されると、輸入通関が開始される。

(1)	(2)

4.　次の各文章につき、正しいものには○、誤っているものには×をつけよ。

(1) 日本の業者が人件費の安い外国に材料を輸出し、その国で製品を生産させ、その製品をまた日本に輸入するような場合、この貿易形態を「逆委託加工貿易」という。

(2) 信用状取引における荷為替手形の買い取りでは、手形の期間はいつも「At Sight（一覧払い）」である。

(1)	(2)

5.　次の各文章につき、正しいものには○、誤っているものには×をつけよ。

(1) 輸入貨物の関税算出の基礎となる価格（課税標準額）が10万円以下の貨物については少額輸入貨物に対する簡易税率を適用することができる。

(2) 商品の市場性はその商品が持っている特性によって決まるが、それはまた相手国の経済力や貿易政策、あるいは計画経済の実態等によって影響を受けている。

(1)	(2)

9

1.　次の文章について、（　）内に示したA、B、2つの語句のうち正しいものを選び、その記号を解答欄に記入せよ。

(1) 実際の貨物海上保険の申込みは、（A　口頭　B　書面）でおこなわれる。

(2) 通関手続は通関業者を起用せずに輸出入者自らがおこなうことは（A　可能　B　不可能）である。

(1)	(2)

2. 次の文章について、（　）内に示したA、B、2つの語句のうち正しいものを選び、
   その記号を解答欄に記入せよ。

(1) 為替予約は具体的な輸出入契約の存在が（A　必要　　B　不必要）である。

(2) 信用状は信用状開設依頼書に開設手数料を添えて申し込めば銀行の審査なしに自
   動的に開設（A　される　　B　されない）。

(1)	(2)

3. 次の文章について、（　）内に示したA、B、2つの語句のうち正しいものを選び、
   その記号を解答欄に記入せよ。

(1) NVOCC（利用運送事業者 / 非船舶運航業者）が発行する有価証券は（A　船荷証
   券　　B　複合運送証券）である。

(2) 輸入貨物の品質が契約条件と異なっている場合は（A　売り手　　B　保険会社）に
   クレームする。

(1)	(2)

4. 次の各文章につき、正しいものには○、誤っているものには×をつけよ。

(1) 単一運送人と輸出国の内陸地から輸入国の内陸地までの運送契約を結ぶこともで
   きる。

(2) 送金による代金決済とは外国為替銀行を通じて現金又は銀行小切手を送付するこ
   とである。

(1)	(2)

5. 次の各文章につき、正しいものには○、誤っているものには×をつけよ。

(1) 荷為替手形には必ず貨物海上保険証券がついていなければならない。

(2) コンテナ船による運送契約では船積み式 B/L が発行される。

(1)	(2)

10

1. 次の文章について、（　）内に示したA、B、2つの語句のうち正しいものを選び、その記号を解答欄に記入せよ。

(1) オファーは、（A 売主からのみ　B 売主・買主の何れからでも）おこなうことができる。

(2) カウンターオファーは（A 条件付き承諾　B 新規のオファー）である。

(1)	(2)

2. 次の文章について、（　）内に示したA、B、2つの語句のうち正しいものを選び、その記号を解答欄に記入せよ。

(1) 決済条件が前払いであることは（A 輸出者　B 輸入者）に有利である。

(2) 為替手形は（A 輸出者　B 輸入者）が振り出す。

(1)	(2)

3. 次の文章について、（　）内に示したA、B、2つの語句のうち正しいものを選び、その記号を解答欄に記入せよ。

(1) FCL 貨物は（A CY　B CFS）で運送人との受け渡しがおこなわれる。

(2) 輸出申告書に記載する価格は（A FOB　B CIF）価格である。

(1)	(2)

4. 次の文章について、（　）内に示した A、B、2 つの語句のうち正しいものを選び、
その記号を解答欄に記入せよ。

(1) 定期船の船腹（スペース）予約は一般に（A 口頭　B 書面）でおこなわれる。

(2) 輸出入に関して、関税関係法令以外の法令により許可・承認などが必要な貨物に
ついては（A 輸出申告の際　　B 軸出許可の際）、当該許可・承認などを受けて
いることを税関に証明しなければならない。

(1)	(2)

5. 次の英単語の意味を下記から選び、その記号を記せ。

(1) Inquiry　　　　　　　　　(2) Credit Standing

(3) Wholesaler　　　　　　　(4) Specification

(5) Firm Offer　　　　　　　(6) Purchase Order

(7) Performa Invoice　　　　(8) All Risks

(9) Shipping Documents　　　(10) Bill of Lading

> a. 売約書　b. 保険証券　c. 仕様書　d. 卸売商　e. 全危険担保　f. 船荷証券
> g. 反対申込　h. 買約書（仕入注文書）i. 試算送り状　j. 勧誘　k. 信用状態
> l. 小売商　m. 回答期限付申込み　n. 共同海損　o. 引合い　p. 船積書類

(1)	(2)	(3)	(4)	(5)
(6)	(7)	(8)	(9)	(10)

解答・解説

1

1. (1) ×　(2) ×　日本の保税制度形態は5種です。

2. (1) B　(2) B

3. (1) ①b　②g　③d　④i

   (2) ①j　②d　③h　④a　⑤b

4. (1) B　指定は1ヶ月未満 (2) C　A薬事法、B貨幣法、C銃刀法（許可証）

5. (1) ○　(2) ○

2

1. (1) B　(2) A

2. (1) ×　(2) ×

3. (1) ○　(2) ×

4. (1) ○　輸入公表は日本の輸入禁制品リストとして重要。(2) ×　前出

5. (1) ○　(2) ×　前出ですが、毎年繰り返し出てくる重要問題です。

3

1. (1) ○　(2) ○

2. (1) ×　(2) ○　輸入割り当て制度と対比して出題されます。

3. (1) B　代理を含め貿易では売買の両面（転売）も多くあります。　(2) B

4. (1) B　貿易の輸送は原則、海運・空運を介した輸送（複合一貫輸送を含む）に
   限定されます。　(2) B　国連法で加盟済み

5. (1) ○　(2) ○

4

1. (1) t　(2) r　(3) j　(4) f　(5) g

2. (1) A　(2) A

3. (1) c　(2) f　(3) h　(4) a　(5) g

4. (1) b　(2) e　(3) c　(4) d　(5) i

5. (1) ○　(2) ×　補償状 Letter of Indemnity　(3) ○

6. (1) ×　(2) ×　(3) ○　（有価証券扱いすることとなっています）

5

1. (1) c (2) d (3) k
2. (1) ○ (2) ○
3. (1) B (2) B
4. (1) C (2) C
5. (1) A (2) C

6

1. (1) ○ (2) ×
2. (1) C (2) B
3. (1) ○ (2) × POLICY ⇒ PLACE
4. (1) C (2) B
5. (1) B (2) C

7

1. (1) ○ (2) × (3) ○ (4) ○ (5) ○ (6) ○ (7) × (8) ○ (9) ○ (10) ×
   (11) × (12) ○ (13) × (14) ○ (15) ○ (16) ○ (17) × (18) × (19) ○
   (20) ○

8

1. (1) B (2) A
2. (1) B (2) A
3. (1) A (2) B
4. (1) ○ (2) ×
5. (1) × 20万円 (2) ○

9

1. (1) B (2) A
2. (1) B 法改正有り (2) B
3. (1) B (2) A
4. (1) ○ (2) × 現金送金は貿易では必ずしも利用しません。
5. (1) × インコタームズによります。 (2) × 受取式船荷証券

10

1. (1) B　(2) B

2. (1) A　(2) A

3. (1) A　(2) A　輸出インボイスは FOB、FCA。輸入インボイスは CIF、CIP 価格
建て。

4. (1) A　(2) A

5. (1) o　(2) k　(3) d　(4) c　(5) m　(6) h　(7) i　(8) e　(9) p　(10) f

以上、一般解答を示しましたが、法改正については別解もあります。

第 3 節　直前確認問題・解答解説

基礎問題

以下の貿易に関する文章は正しいか、誤りか、○×をつけてください。

第 1 問　外国から大阪港に到着して荷卸された貨物を、神戸税関で通関したい場合、
大阪港から神戸の保税地域までの貨物の運送は、原則として、税関長の承認
を受けた保税運送によっておこなわれる。

第 2 問　為替取扱銀行が、外国銀行と為替取引をおこなうために業務上の条件をあら
かじめ定めたものをコルレス契約という。

第 3 問　航空運送状（Air Waybill）は、航空運送契約において荷主から貨物を受領し
たことを示す証拠書類ではあるが、有価証券ではないので、航空貨物の受取
には航空貨物運送状を要しない。

第 4 問　円高傾向が進むと、一般に輸出取引は増加し、日本の輸出企業の国際競争力
を強めることになる。

第 5 問　輸出手形保険で保険料を負担するのは買取銀行である。

第 6 問　A/R（All Risks）条件でも、戦争・反乱・ストライキ・暴動についてはカバー

されないので、別途特約が必要である。

第7問 航空貨物代理店は、航空会社との間で集荷、運送引受け、運送状の発行等の代理店業務をおこなう。

第8問 麻薬・拳銃などの輸入してはならない貨物は、政府が輸入するものなどが除かれることから絶対的な規制である。

第9問 EU（欧州連合）は 2021 年、英国脱退後 27 カ国となった。

第10問 一般法人日本貿易保険が貿易保険の引き受け基準として用いる「海外商社名簿」には格付けが載っており、この格付けは海外バイヤーの信用状態の目安になる。

第11問 外国為替相場には、顧客が銀行に外貨を売る「売相場」と、外貨を銀行から買う「買相場」という分類の仕方がある。

第12問 日本の保険会社が輸出貨物用に引き受ける PL 保険は、日本文の保険証券が発行される。

第13問 象牙等ワシントン条約に掲げる動植物は輸入してはならない貨物に該当する。

第14問 信用状は輸出者が自分の取引銀行に開設を依頼する。

第15問 小口貨物を在来船に積み込む場合で、貨物を船会社が指定した上屋まで持ち込み、船会社が他の貨物とまとめて船に積み込む方法を自家積みという。

第16問 特定物品の輸入について、無税又は低税率である一次税率と高税率である二次税率との 2 つの税率を設け、消費者保護と国内産業保護のバランスを図ろうとする制度を輸入割当制度という。

第17問 貨物海上保険の保険金額は、特に契約書に別段の定めがない限り、FOB 価格

の 110% である。

第 18 問　在来船により貨物を輸出する場合において、船会社に対して貨物が本船に積み込まれたことを証明し、船荷証券と引き換えられる書類のことをドック・レシート（Dock Receipt）という。

第 19 問　輸入代金を海外送金でおこなう場合で、銀行に海外の銀行を支払人とする小切手を振り出してもらい、これを輸出者に送付する方法を MT（=Mail Transfer）という。

第 20 問　本邦ローンを受けるには、輸入者は銀行の貨物を借り受けるために担保としての約束手形と L/G を銀行に差し入れなければならない。

第 21 問　信用状取引にもとづく航空貨物の場合、そのエアー・ウェイビルの荷受人は、原則として輸入者である。

第 22 問　協定税率及び特恵税率の適用を受けようとする貨物に係る仕入書には、当該貨物の原産地を記載しなければならない。

第 23 問　消費者に対して環境によい商品情報を提供し、企業に対しては環境負荷の少ない商品の開発を促すことを目的としている制度を ISO14001 という。

第 24 問　国際複合運送において、わが国の利用運送事業者（NVOCC）が発行する複合運送証券は、船積式である。

第 25 問　一定の地域での営業活動を一手に引き受ける特別権限を持つ代理人を一手販売店という。

第 26 問　貿易取引の代金決済方法で、送金は、逆為替である。

第 27 問　為替変動リスクを回避するためには、実際の為替の変動とは無関係に一定の相場を適用することを予約することが適切である。これを「先物相場」という。

第28問　輸入者が銀行に AIR T/R を差し入れてリリースオーダー（R/O）の発行を受けた場合には、銀行は航空会社に対して保証義務を負う。

第29問　保険金額は、売買契約で特に定めのない限り、インコタームズおよび信用状統一規則で、CIF または CIP 価格に輸入者の希望利益 10% を加算した金額と定められている。

解答・解説

第1問　○　輸入許可を受ける前の外国貨物について、開港、税関空港、保税地域、税関官署、他所蔵置許可場所の相互間を運送する場合は、保税運送となる。

第2問　○

第3問　○　海上輸送の場合の船荷証券は有価証券であり、貨物の受け取りに原則として必要である。

第4問　×　円高が進行すると、輸出商品が貿易ではドル建てのため値上がりして輸出不振となる。

第5問　×　買取銀行が被保険者となって保険契約を結ぶが、保険料は輸出者が負担する。

第6問　○　War Clauses や S.R.C.C. Clauses の追加特約が必要である。

第7問　○

第8問　×　例外があるので相対的な規制である。

第9問　○

第10問　○

第11問　×　銀行が外貨を売るのが「売相場」、銀行が外貨を買うのが「買相場」。

第12問　×　Insurance Service Office の英文賠償責任約款の条件に準じて、米国の保険会社が一般的に採用している英文の保険証券が発行される。

第13問　×　関税法の輸入してはならない貨物にはワシントン条約に掲げる動植物は含まれていない（2022 年 3 月現在）。輸入公表と条約で規制。

第14問　×　輸入者が依頼する。

第15問　×　総積みではなく、自家積み。

第16問　×　関税割当制度。

第 17 問　×　CIF 価格又は CIP 価格の 110%。

第 18 問　×　メイツ・レシート（Mate's Receipt）本船受取証。

第 19 問　×　D/D（=Demand Draft）銀行送金小切手。

第 20 問　×　L/G ではなく、T/R= 輸入担保荷物保管証を約束手形と共に差し入れる。

第 21 問　×　信用状発行銀行。

第 22 問　×　原産地は仕入書の法定記載事項ではない。

第 23 問　×　エコラベル制度（環境ラベル制度）。

第 24 問　×　運送人である NVOCC に貨物を引渡す受取式である。

第 25 問　×　一手代理店。

第 26 問　×　送金は並為替。

第 27 問　○

第 28 問　×　B/L に対する L/G と異なり、R/O は保証義務を負わない。

第 29 問　○

応用問題

　以下の貿易に関する文章について正しければ○、誤りは×を付けてください。また問題に指示がある場合はそれに従って解答してください。

第 1 問　船荷証券における商品名の記述は、信用状の記述と完全に一致していなければならない。

第 2 問　保険証券における商品名の記述は、信用状の記述と完全に一致していなければならない。

第 3 問　インボイスにおける商品名の記述は信用状の記述と完全に一致していなければならない。

第 4 問　信用状発行銀行が信用状の信用度を高める目的で発行銀行の支払確約に加えて、国際的に信用度の高い銀行の支払確約を受けている信用状を Restricted L/C という。

第5問 信用状を変更することを Amendment といい、買取銀行を通じて受益者である輸出者に送られる変更通知書によっておこなわれる。

第6問 手形の買取銀行が指定されている信用状を Open L/C というが、これに対して買取銀行が指定されていない銀行を Restricted L/C という。

第7問 インタクト輸送とは、空港に到着した輸入貨物の ULD を、解体せずにそのまま空港外のフォワーダーの貨物施設まで輸送することをいう。

第8問 国際複合運送途上においてわが国の業者が発行する複合運送証券では、運送人の責任原則についてはネットワーク・ライアビリティを採用している。

第9問 複合運送証券における Network Liability（異種責任組合せ型）とは、事故の発生区間において適用される国際条約等に準拠して運送人の責任が決まることをいい、事故発生区間不明の場合は、陸上運送中に発生したものとして扱う。

第10問 オゾン層破壊物質である特定フロン、ハロン等の物質の排出を段階的になくし、他の物質に代替することでオゾン層を保護するための国際的な取決めがモントリオール議定書で、これに基づき採択されたものがウィーン条約である。

第11問 日本における輸出通関は、原則として輸出しようとする貨物を保税地域に搬入しないで輸出申告し、輸出の許可も受けることができる。

第12問 日本でも外国でも輸入時にのみ関税が課される。

第13問 一定数量までの貨物については関税を低税率とし、割当数量を超えて輸入する場合は高税率が適用される二重税率制度のことを輸入割当制度という。

第14問 輸入差止申立てについて、差止対象となる物品が不正競争防止法違反の場合には、税関長の意見書を添えて、輸入差止申立てをおこなう。

第15問　輸出通関手続きを認定通関業者に依頼した輸出者を特定委託輸出者といい、
輸出しようとする貨物を保税地域に搬入することなく、輸出者等の工場・倉
庫などで輸出申告から許可を受けるまでの手続きをおこなうことができる。

第16問　知的財産権における回路配置利用権について、その権利者は自己の権利を侵
害すると認める貨物の輸入に対し、輸入差止申立制度の手続きをとることが
できる。

第17問　日本から輸出が禁止されている物品は、関税法で禁止されている。以下、
①　麻薬等、②児童ポルノ、③特許権等を侵害する物品、④不正競争防止法
に掲げる行為（一部）を組成する物品の4分野の物品のみである。

第18問　次の英文は、何を説明したものか日本語で答えなさい。
A person or firm licensed by an importer's government and engaged in clearing
goods through customs.

第19問　コンテナに関する通関条約の規定に基づき、関税等の免除を受け一時輸入し
たコンテナの再輸出期間は、輸入の許可の日から3カ月以内である。

第20問　税率の優先順位について、番号のところに語句を補ってください。
①は特定国の原産地にのみ適用されるので、この場合は最優先させる。
②と③がある場合は、③が優先される。
④と⑤では、税率が低い方を優先する。
④と⑤が同じ場合には、④が優先する。

第21問　信用状取引における航空運送の場合、Air Waybill の荷受人は、通常「信用状
発行銀行」となっている。

第22問　B/L なしで貨物を引取ることについて、万一、船会社に損害を与えた場合に、
その損害を補償する旨を約束した保証状を Release Order という。

第23問　コンテナ船貨物の荷受けにおいて、貨物引取り時に貨物の状態が確認できる

FCL 貨物である場合、貨物に損傷があれば Devanning Report 等の貨物受渡書類にリマークをつける。

第 24 問 航空貨物について輸入者から通関・荷受けの引き取り作業を依頼された通関業者は、リリース・オーダーを航空会社に呈示して荷渡指図書の交付を受け、貨物の引渡しを受ける。

第 25 問 FCL 貨物の輸入において、本船から荷卸しされたコンテナは、CY で荷主に引き渡されるが、一定期間内に貨物を引き取らなかった場合、その日数に応じて保管料が発生する。これを Demurrage という。

第 26 問 乳幼児がおもちゃとして使用するゴム製の風船を輸入する場合には、食品衛生法の規定により経済産業大臣に輸入の届け出をしなければならない。

第 27 問 輸入において、特定の原産地または船積地域からの特定貨物を輸入公表 2 号品目として指定しており、当該品目を輸入する場合は、経済産業大臣の許可が必要となる。

第 28 問 次の英文は、何を説明したものか日本語で答えなさい。

A document containing a record of the transaction between an exporter and an importer, containing information such as a description of the goods including prices, quantities, delivery and payment terms.

第 29 問 信用状なし取引で輸入者が輸入地の取立銀行に外貨建約束手形、輸入担保荷物保管証と差入れ貨物を譲渡担保として対外決済してもらい、本邦ローンを実行する BC ディスカウントのときに差し入れる輸入担保荷物保管証を特甲号 T/R という。

第 30 問 船積書類に重大なディスクレがあるために、ケーブル・ネゴや L/G 付買取が適当でない場合に送付状に取立統一規則 522 準拠文言を記載して取立扱いとして、手形や船積書類を信用状発行銀行に送付し、代金を回収することをアプルーバル扱いという。

第31問　アプルーバル扱いの場合の適用レートは、輸出者の取引銀行に代金の立替が
　　　　生じないので、TTB レートになる。

第32問　移転価格税制は、国外関連者との取引価格による所得の海外移転に対応する
　　　　ため、当事者に所得移転の意図がなかった場合にも適用される。

第33問　輸入貨物において、FCL 貨物の場合、船会社よりコンテナを借り受けて自社
　　　　倉等に貨物を搬入後、船会社に空コンテナを返却するが、一定の貸出期間を
　　　　過ぎた場合は、Demurrage が課せられる。

第34問　シングル L/G とは何か？　簡潔に述べよ。（A 級類題）

解答・解説

第 1 問　×　信用状の記述と矛盾しない一般的な名称であってもよい。

第 2 問　×　信用状の記述と矛盾しない一般的な名称であってもよい。

第 3 問　○　信用状とインボイスの商品名の記述は完全に一致していなければならな
　　　　　　い。

第 4 問　×　この信用状は、Confirmed L/C（確認信用状）という。

第 5 問　×　買取銀行ではなく通知銀行

第 6 問　×　手形の買取銀行が指定されている信用状が Restricted L/C

第 7 問　○

第 8 問　○　（Network Liability: 異種責任組合せ型）Universal Liability 単一責任型

第 9 問　×　発生区間不明の事故は、海上運送中に発生したものとして扱い、ヘーグ・
　　　　　　ルールズ又はその後の改正規定の責任原則を適用する。

第 10 問　×　モントリオール議定書とウィーン条約が逆になっている。

第 11 問　×　輸出申告は、保税地域に搬入しなくてもできるが、輸出許可は、保税地
　　　　　　域に搬入後となるのが原則。

第 12 問　×　日本では、輸入時にのみ関税が課され、輸出時には関税は課せられない。
　　　　　　しかし、外国では、輸出時にも関税を課す国が多い。

第 13 問　×　関税割当制度

第 14 問　×　経済産業大臣の意見書

第 15 問　○

第 16 問　×　回路配置利用権者だけ輸入差止申立制度が利用できない。代わりに、輸入差止情報提供制度が利用できる。

第 17 問　×　関税法以外の法律（植物防疫法や家畜伝染予防法）で輸出が禁止されている物品等がある。

第 18 問　　通関業者

第 19 問　×　平成 24（2012）年に法改正され、1 年以内となった。

第 20 問　①特恵税率

　　　　　②基本税率

　　　　　③暫定税率

　　　　　④国定税率

　　　　　⑤協定税率

第 21 問　○

第 22 問　×　Letter of Guarantee

第 23 問　×　LCL 貨物

第 24 問　○

第 25 問　○

第 26 問　×　厚生労働大臣

第 27 問　×　許可ではなく承認

第 28 問　　商業送り状

第 29 問　×　B/C ユーザンス

第 30 問　○

第 31 問　○

第 32 問　○

第 33 問　×　Demurrage（滞船料）ではなく、Detention charge（返還遅延料）が課せられる。

第 34 問　以下、記述要件を示す。

　（1）定義

　　　・信用状発行銀行の連帯保証のない、輸入者の単名署名による保証状

　（2）メリット

　　　・貨物の早期取引ができる。銀行での通常の L/G を依頼する手間が省ける。

　　・銀行への保証料支払いの節約ができる。

（3）デメリット

　　・信用状発行銀行の担保荷物の所有権を侵害することになる。

　　・信用状発行銀行に対する背信行為になる。

　　・信用状取引約定書の担保条項に抵触する。

第 4 節　試験前直前チェックポイント

日本貿易実務検定協会® の公表する出題から、貿易実務分野の頻出事項を示した Keyword リストです。

確認したら□チェック欄にマークしましょう。

（1）貿易と環境

①ワシントン条約に関する規制

　　□絶滅種の保存、保護が主目的　⇒　輸入公表別表でのリスト規制種が対象

　　□特定国、特定種などに例外規定あり　⇒　動植物の他、加工品、製品も規制対象

②モントリオール議定書に関するオゾン層を破壊する物質の規制

　　□ウィーン条約が起源　⇒　CO_2 削減を世界規模で実施する条約

　　□CO_2 削減目標、排出権グリーン交換　⇒　国連気候変動枠組条約 COP26 へ発展

③バーゼル条約に関する特定有害廃棄物の規制

　　□有害廃棄物の廃棄物規制　⇒　ダイオキシン、アスベスト、六価クロム他産業廃棄物規制

　　□1992 年制定「特定有害廃棄物等の輸出入等の規制に関する法律」

（2）貿易経済知識

①GATT と WTO

　　□GATT 自由貿易化の例外　⇒　最恵国待遇、FTA（自由貿易協定）

　　□WTO と GATT の関係　⇒　WTO 設立協定　一項 A に GATT 規定

②日本の貿易の現状（産業の空洞化など）

　□円高　⇒　輸出高減少（不況デフレ化）

　□製造業などの海外移転と国内経済の縮小　⇒　産業空洞化

③貿易摩擦と規制緩和

　□貿易の特定国集中による貿易収支のアンバランス　⇒　対日貿易赤字国への国内市場開放と規制緩和

④経済圏の構築（EU、NAFTA など）

　□2 国間貿易協定　⇒　FTA（自由貿易協定）

　□多国間貿易協定　⇒　APEC アジア太平洋経済協力、Asia Pacific Economic Cooperation、この下に TPP 環太平洋パートナーシップ協定がある。

（3）貿易の流れ

①貿易取引のしくみの全体像の理解

　□貿易取引の基礎　⇒　信用状付荷為替手形決済

　□信用状無しでの貿易取引　⇒　D/P（支払い渡し条件手形決済）、D/A（引受け渡し条件手形決済）

②いろいろな貿易取引

　□間接貿易　⇒　商社などが中間に位置して貿易取引をエスクロー（支援）する。

　□逆委託加工貿易　⇒　海外の受託先に委託者が生産加工させる貿易取引

③信用状取引の流れ

　□貿易取引は主に合衆国ドルを介しておこなわれ、ドル使用の認証を受けたコルレス銀行が信用状取引をおこなう。

　□信用状とは、輸入地の買主の信用保証を信用状発行銀行が連帯保証し、売主に対して荷為替手形の振り出しと船積書類の整備を求める内容の条約（信用状統一規則）に基づいて発行される。

（4）貿易金融

①信用状の種類

□信用状はほとんどが取消不能信用状　⇒　関係当事者全員の合意がなければ取り消しできない。

□売主、買主間の契約に応じて様々なタイプの信用状が利用される　⇒　買取銀行指定信用状、回転信用状、確認信用状など。

②信用状に基づく荷為替手形の買い取り

□信用状に基づいて作成された船積書類と荷為替手形　⇒　輸出国の買取銀行が売主へ立替払いする。

□買取銀行は信用状発行銀行、または買主に代金（立替分）を請求する（荷為替手形の働き）。

③シッパーズ・ユーザンス（期限付手形）

□ユーザンス　⇒　輸入金融（支払いを猶予する）手段

④本邦ローン

□信用状取引（貿易融資）と本邦ローン（国内融資）は貿易金融の主手段

□円貨による本邦ローン　⇒　跳ね返り輸入金融

（5）貿易書類と手続き

①コンテナ船の貨物の積み卸し（CY、CFS、FCL、LCL）

□LCL（コンテナ満載未満貨物）　⇒　CFS（コンテナフレートステーション）で他貨物と混載し FCL（コンテナ満載貨物）として CY（コンテナヤード）から出荷。

□FCL 貨物の場合、船荷証券に「shipper's load & count」「said to contain」と記載されていてもクリーン無故障船荷証券として扱われる。

②在来船の貨物の積み卸し

□荷主が自己責任で貨物を船に積み込み、卸す場合　⇒　自家積み卸し

□運送業者に委託して積み卸しする場合　⇒　総積み

③航空貨物の積み卸し

□売主は、航空会社で荷物を預け、AWB を受取り、銀行（信用状発行銀行扱い）で現金化する。一方、到着した貨物に、買主は T/R（輸入担保貨物保管証）を L/C 銀行へ提出しリリースオーダーを入手、これを持って、航空会社から荷物を受け取る。

④各種船積書類の作成

□インボイス　⇒　売主が契約書に基づいて作成する。通関時、関税賦課決定する。

□船荷証券　⇒　積み込みが完了すると船会社から発行される（指図式）。裏書によって譲渡が可能となる。

□貨物海上保険証券　⇒積荷について船荷証券により詳細条件を決定して保険会社が発行する。

⑤運送書類の知識

□船荷証券（B/L: Bill of Lading）は、裏書によって譲渡が可能な指図式有価証券である。特に次の買主を指定しない場合は白地裏書する。

□航空貨物受取り証（AWB: Air Waybill）は航空貨物の引き渡しに利用される。

⑥輸出手続の手順と書類

□主な輸出手続きと書類　⇒　契約（契約書）、船積書類の整備（インボイス、船荷証券、保険証券）と代金回収（荷為替手形の振出し）

⑦輸入手続の手順と書類

□主な輸入手続きと書類　⇒　契約（契約書）、信用状発行依頼（信用状）、支払いと荷受け（船荷証券を荷渡し指図 D/O に替えて貨物を引き取る）

（6）貿易法務

①契約締結までの取引交渉

□売主の勧誘　次に買主の引合い（照会）、次いで売主の申込みの手順を踏む。

□交渉は、申込み（オファー）のやり取りでおこない、合意が得られると契約書を作成する。

②契約書

　　□契約書は裏表で1枚。⇒　表はタイプ条項（個別契約）、裏は印刷条項（一般契約）

　　□契約書は、表裏で矛盾がある場合、表（個別契約）が優先される。

③各種取引条件

　　□品質条件　⇒　FAQ（平均中等品質条件）GMQ（適商品質条件）

　　□数量条件　⇒　商品ごとに計量単位は決まっており、各書類間で統一の必要がある。

④他法令に基づく許認可の取得（特に外為法）

　　□輸入令　⇒　経産大臣の承認（輸入公表でリスト規制）

　　□輸出令　⇒　輸出許可（税関長）と輸出承認（キャッチオール規制、文化財など国内法）

⑤インコタームズにおける輸出入者の責任範囲

　　□インコタームズは費用負担（運賃）、危険負担（貨物保険料）の手続分担　⇒　売主負担（CIF、CIP）、買主負担（FOB、FCA）

　　□最新インコタームズ2020は11種　⇒　どの訂版を利用しても良い。

　　□コンテナ向けインコタームズ、在来船（貨物船）向けインコタームズに違いがある。

⑥信用状と船積書類

　　□信用状の売主への規定　⇒　荷為替手形の振出しと船積書類整備

　　□三大船積書類と呼称される　⇒　① インボイス、② 船荷証券（海運貨物、コンテナ貨物）・HAWB（航空運送状）、③ 海上貨物保険証券・保険証明

（7）**通関知識**

①輸出入申告の方法・内容

　　□IT化、e-Taxによる申告　⇒　NACCSによる電子申請へ

　　□税関の役割　⇒　税的審査（関税賦課）と関的検査（輸出入許可承認）

②貿易管理制度（輸出入に係わる許認可）

　　□AEO（税関申告に係わる優良モデル貿易業者）への優遇策

③関税制度（税率の種類、保税の知識、減免税制度、特恵関税など）

　　□国定税率（基本、暫定、特恵）＜　協定税率　＜　FTA税率（の順で適用）

　　□少額貨物（税関評価額20万円以下）⇒　簡易税率が適用

　　□附帯税　⇒　ペナルティ

（8）貿易保険

①貨物海上保険（予定保険と確定保険、基本条件など）

　　□積込み完了すると確定保険　⇒　積込むまでは予定保険（無料）

　　□旧貨物海上保険の填補3種　⇒FPA（分損不担保）、WA（分損担保）、A/R（全
　　　危険担保）

　　□新約款の読み替え　⇒　FPAはICC（A）、WAはICC（B）、A/RはICC（C）

②貿易保険（輸出手形保険）

　　□海外商社名簿　⇒　掲載された企業、組織機関が、原則保険対象となる。

　　□保険料は売主負担、手形代金の95％までが補償、填補される。

③PL保険（輸出用、国内用）

　　□国内品(内生品)は原則、和文(国内)契約、輸出品は米国のPL法(英文契約)。

　　□国内PL保険はサービスも含む、一方、輸出PL保険はサービスを含まない。

（9）外国為替

①外国為替とは？

　　□異種通貨間の両替　⇒　貿易取引では主に合衆国ドルを用いる。

　　□銀行中心主義　⇒　顧客（売主、買主）は、銀行の示す対顧客相場表で両替する。

　　□売主送金　⇒　売り相場。　買主側荷為替　⇒　アクセプタンスレート
　　　買主受金　⇒　買い相場。　売主側荷為替　⇒　一覧払い（アットサイトレー
　　　ト）、期限付（タイムビルバイイングレート）

②外国との決済手段

　　□貿易取引　⇒　荷為替手形（船積書類の付いたドル請求書）

　　□送金決済　⇒　D/D　銀行送金小切手

③為替変動リスクの回避

　　□先物相場　⇒　先付け決済を約定日レートでできる。

　　□為替ヘッジ　⇒　為替の市況変動リスクの回避（リーズ＆ラグズ、通貨オプション、マリー持合い、など）

④外国為替相場（種類、手形の買取相場・決済相場、先物相場）

　　□売買主は対顧客為替相場で取引、為替銀行はインターバンク相場で取引する。

（10）マーケティング知識

①市場調査

　　□公表データと商品固有の情報

②取引先の発見

　　□ディレクトリー（商工人目録）を通じた相手方発見

　　□専門誌広告掲載や見本市などへの出店の機会利用など

③信用調査

　　□銀行信用調査　⇒　コルレスを通じて輸出入国の相手方の取引経歴内容を知る。

　　□専門機関を通じた信用調査　⇒　ダン＆ブラッドストリート社、JETRO などを通じた信用調査

■著者紹介

武上 幸之助（たけがみ こうのすけ）HP: http://takegami.world.coocan.jp/
　拓殖大学大学院教授、東京税関研修所講師、十数年長らく貿易会社にて貿易ビジネス実務に従事、その後、LS スクールで多年にわたり職業訓練支援指導にあたる。

LS スクール（株式会社　言語サービス）HP: www.ls-school.com
　LS スクールは、貿易開港の地、横浜高島町で十数年来、貿易、主に国際貿易ビジネス分野の職業教育、ハローワーク職業訓練学校として多数の人材を育成支援している職業人材育成校、及び職業紹介所です。初学者から専門家まで職業紹介、コンサルティング等「キャリア支援サービス」においても、e-Learning、在宅学習支援、遠隔サービス支援事業をおこない実績を築いてきました。

Guide Book of International Business Career
貿易ビジネスキャリアガイドブック　貿易実務検定® ポイント学習

2022 年 4 月 11 日　第 1 刷発行

共著者　武上幸之助 /LS スクール（株）言語サービス
発行者　池田 廣子
発行所　株式会社現代図書
　　　　〒 252-0333　神奈川県相模原市南区東大沼 2-21-4
　　　　TEL　042-765-6462（代）　FAX　042-765-6465
　　　　振替　00200-4-5262
　　　　https://www.gendaitosho.co.jp/
発売元　株式会社星雲社（共同出版社・流通責任出版社）
　　　　〒 112-0005　東京都文京区水道 1-3-30
　　　　TEL　03-3868-3275　FAX　03-3868-6588
印刷・製本　株式会社 丸井工文社